Bildwelten des Wissens

Kunsthistorisches Jahrbuch für Bildkritik

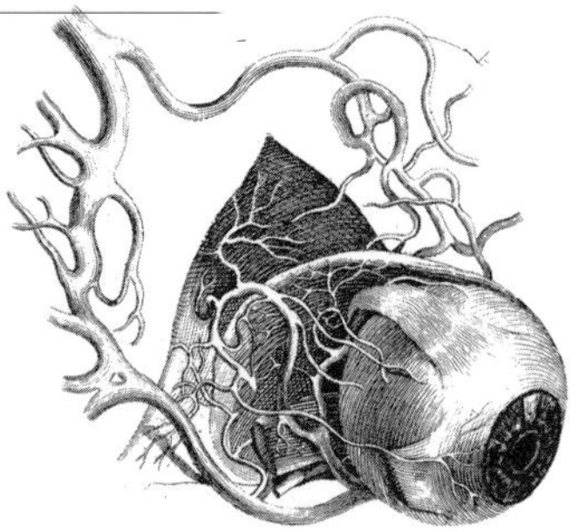

1

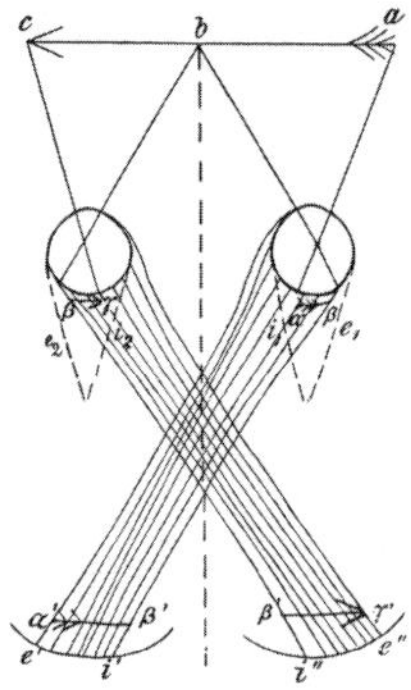

2

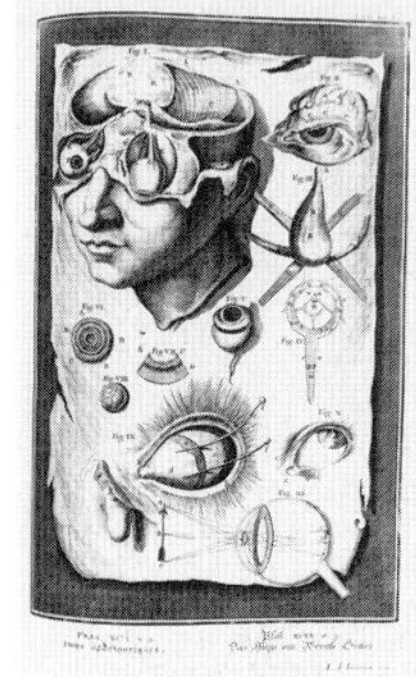

3

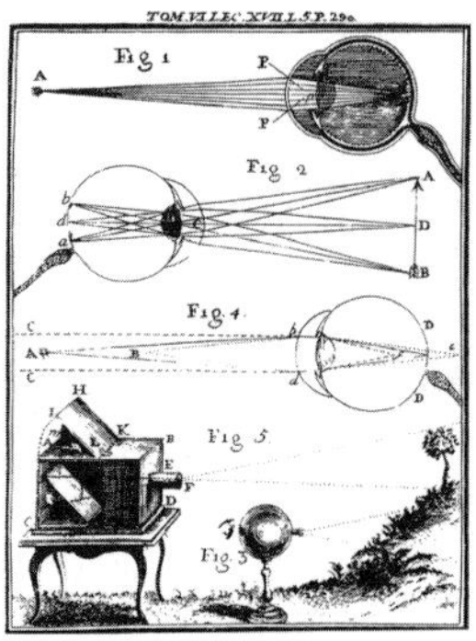

4

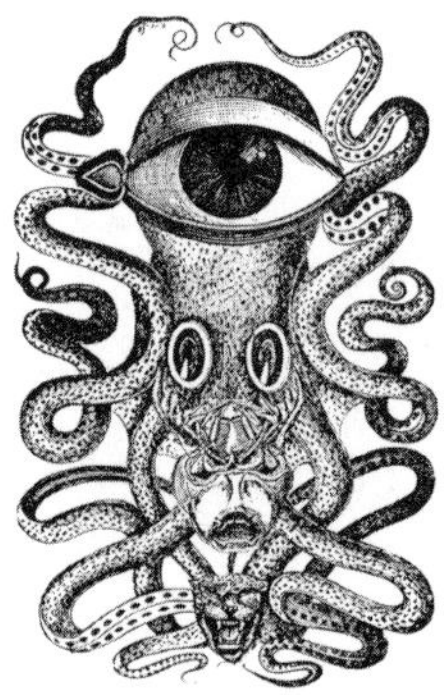

5

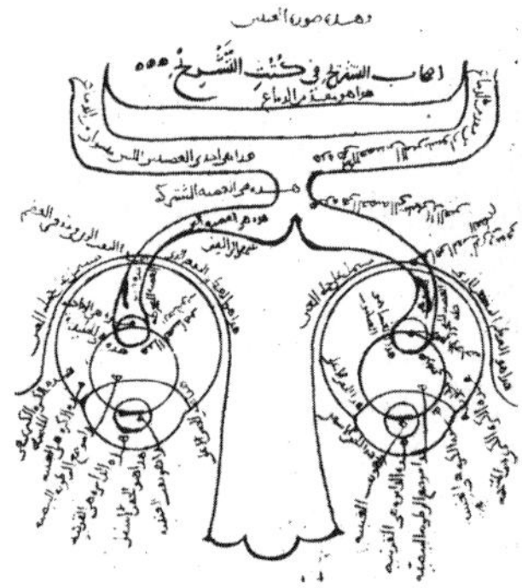

6

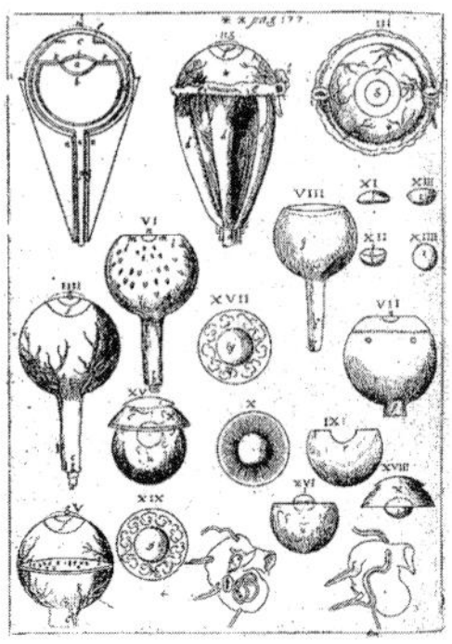

7

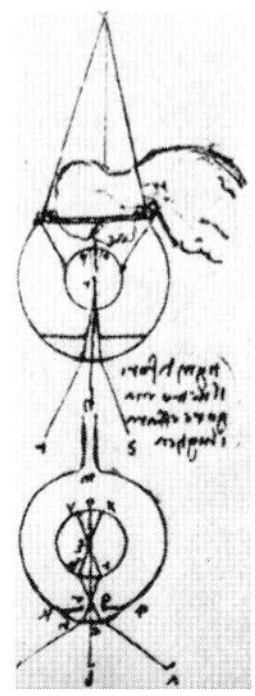

8

Fig. 28.

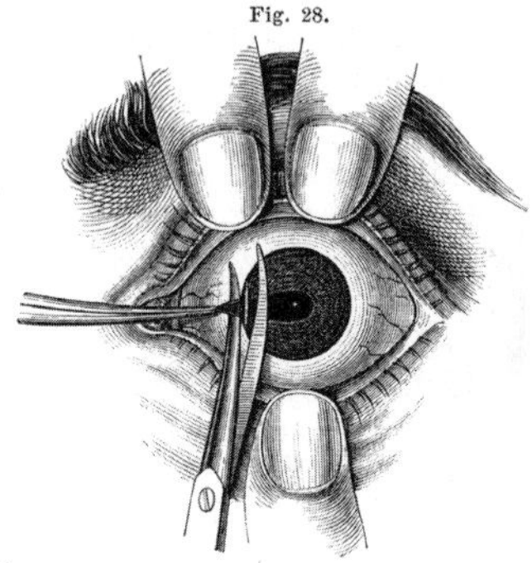

9

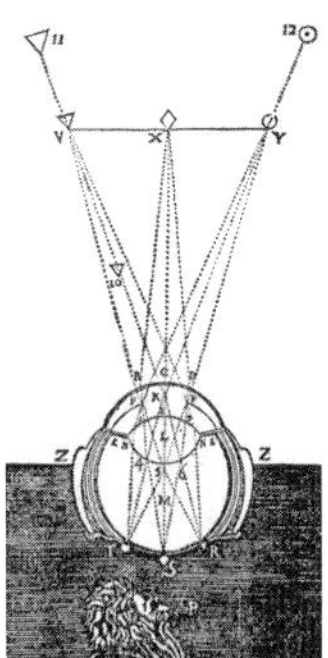

10

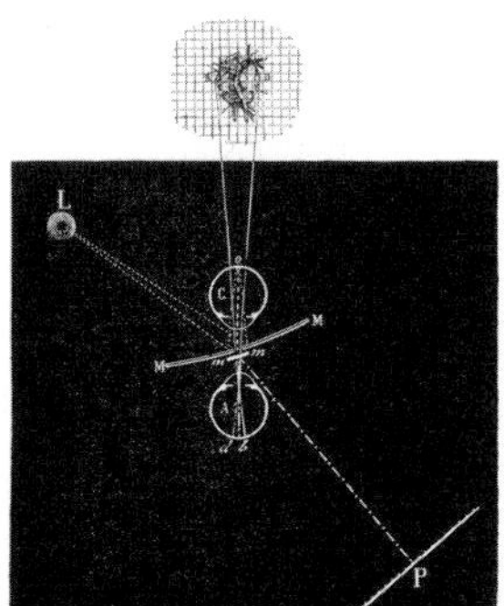

11

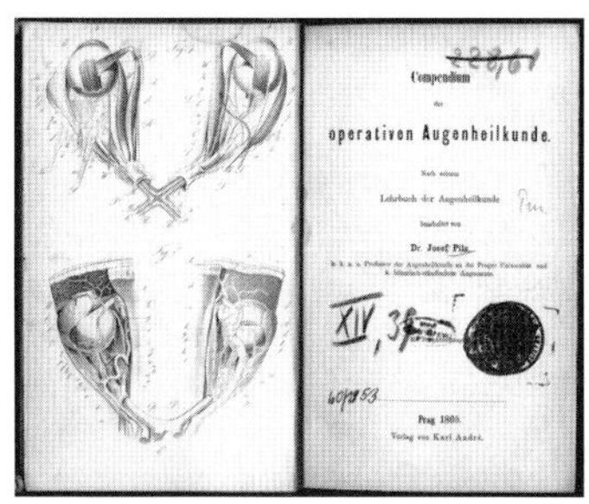

12

1: Samuel Thomas von Soemmerring: Augapfel mit Hirnaugenvene, 1801. **2:** Wilhelm Wundt: Vollständige Überkreuzung der Sehnerven, 1902. **3:** Johannes Jacob Scheuchzer: Die Physiologie des menschlichen Auges, 1733. **4:** Vergleich von Auge und Camera Obscura, frühes 18. Jh. **5:** Max Ernst: Für Leonora Carrington („La dame ovale"), 1939. **6:** Alhazen: Der Augenapparat, 1083. **7:** Johannes Kepler: Darstellung des Auges, 1604. **8:** Leonardo da Vinci: Modell des Sehens, um 1508. **9:** Carl Stellwag von Carion: Die Operation der künstlichen Pupillen, 1864. **10:** René Descartes: Veranschaulichung der Theorie des Netzhautbildes, 1637. **11:** Hans Heinrich Landolt: Fundusmikrometrie, o. J. **12:** Josef Pilz: Compendium der operativen Augenheilkunde, 1860. **13:** Filmstill aus „Vier im roten Kreis"

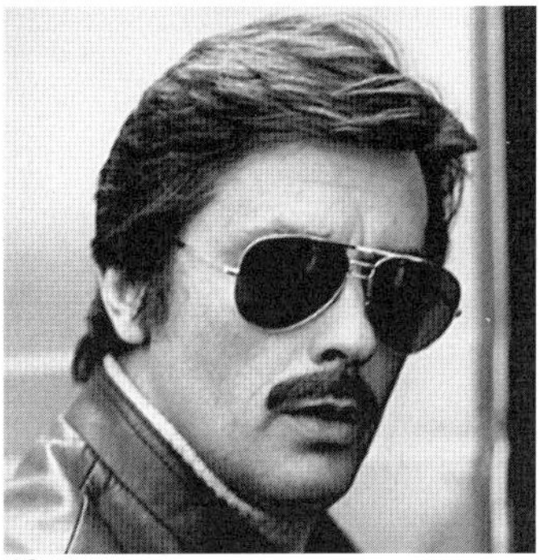

13

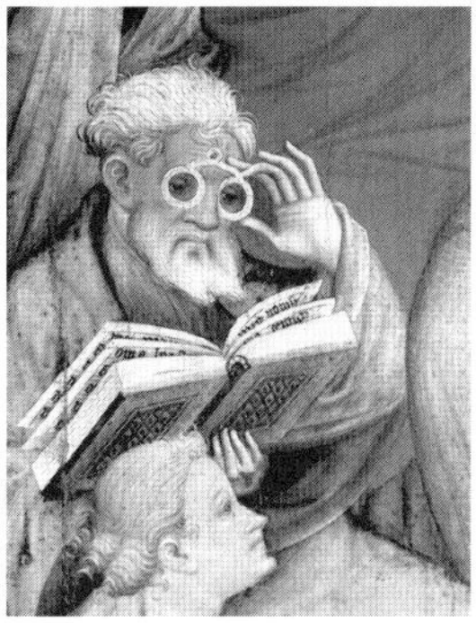

14

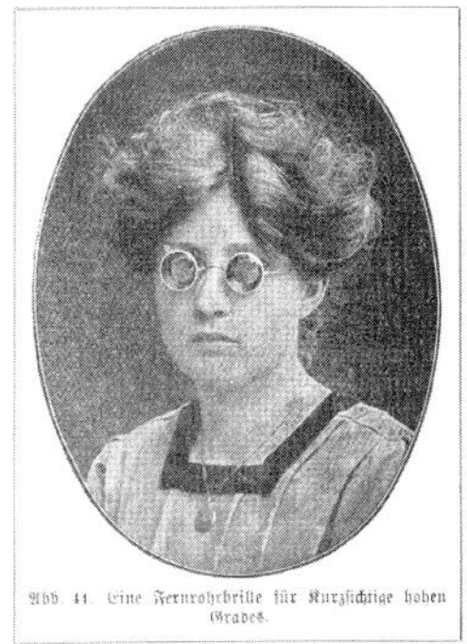

15

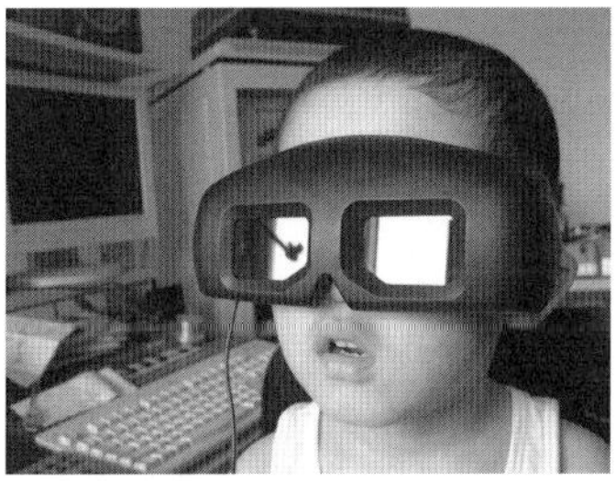

16

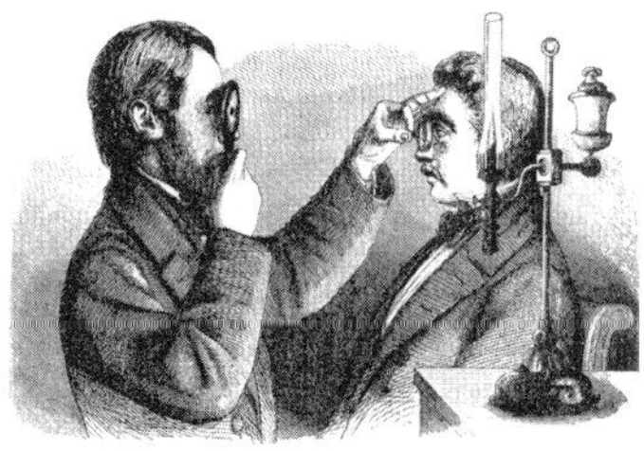

17

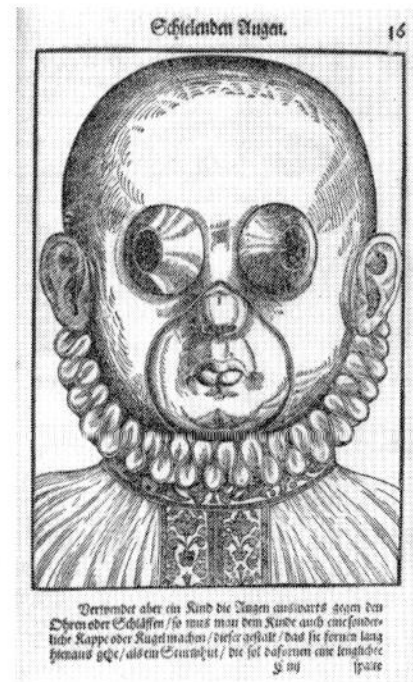

18

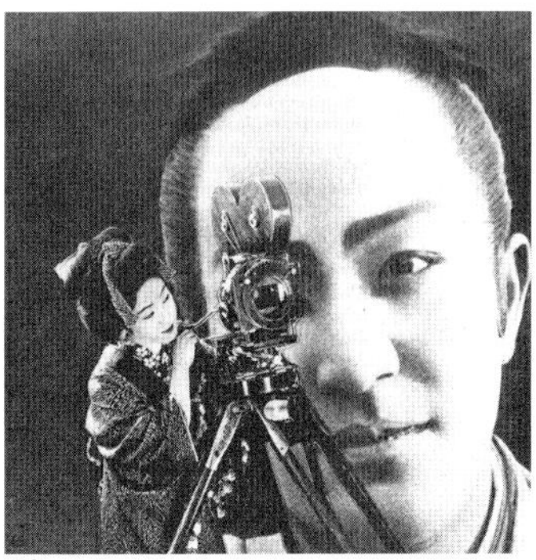

19

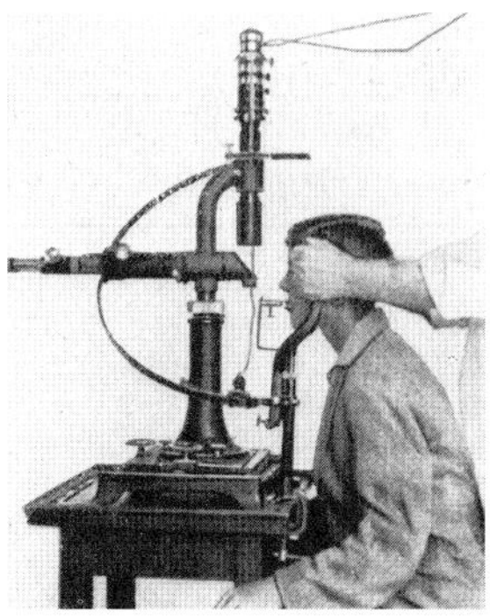

20

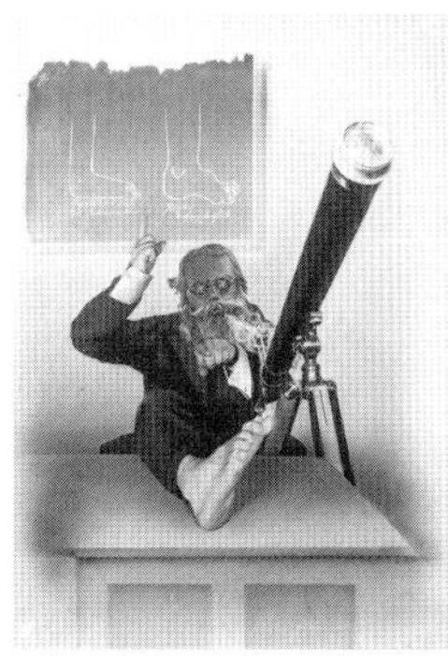

21

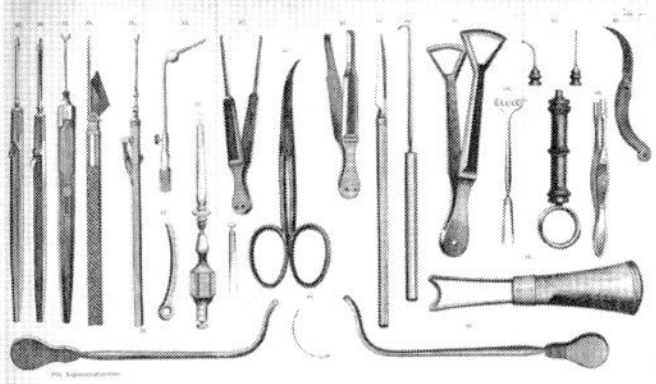

22

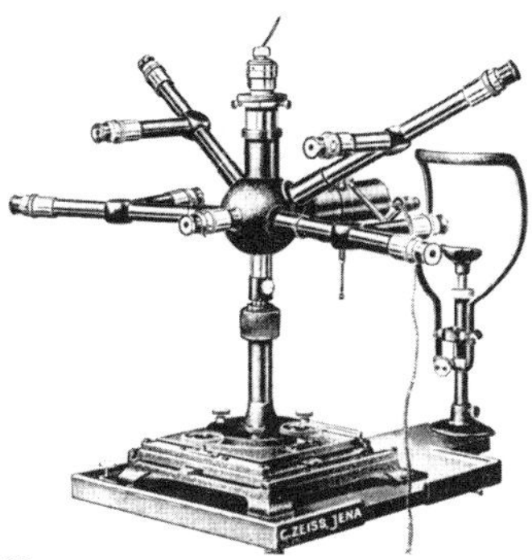

23

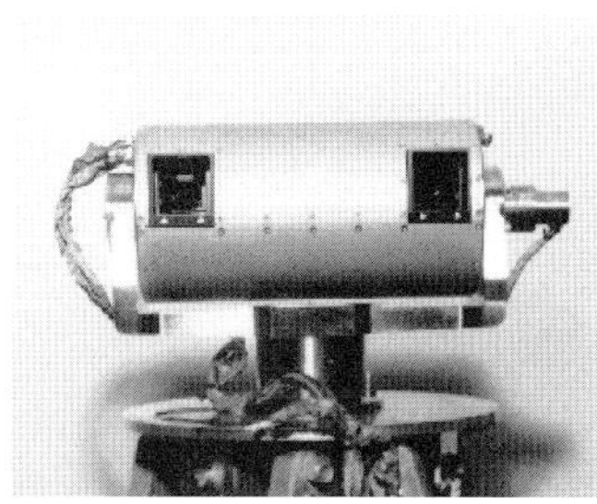

24

(Alain Delon), 1971. **14:** Konrad von Soest: Nietbrillendarstellung auf dem Flügelaltar in Bad Wildungen, 1404. **15:** Moritz von Rohr: Fernrohrbrille für kurzsichtige hohen Grades, 1918. **16:** Feng Mengbo: Sohn Renao testet eine 3D-Brille, 2004. **17:** Zanders Technik des umgekehrten Bildes, um 1860. **18:** Georg Bartisch: Augenmaske gegen das Schielen, 1583. **19:** El Lissitzky: „Japanisches Kino" (Buchumschlag), 1929. **20:** Linders Verbindung der großen Gullstrandschen Ophtalmoskopes mit einem Perimeter, o. J. **21:** John Heartfield:„Neuer Lehrstuhl an den deutschen Universitäten", 1933. **22:** Josef Pilz: Instrumente der Augenheilkunde, 1860. **23:** Hartinger: Demonstrationspolyophtalmoskop für neun Betrachter, o. J. **24:** Imager For Mars Pathfinder, 2004.

Herausgegeben von
Horst Bredekamp und Gabriele Werner

Herausgeberin dieses Bandes
Angela Fischel

Redaktion
Angela Fischel, Margarete Pratschke und Birgit Schneider

Bildwelten des Wissens

Kunsthistorisches Jahrbuch für Bildkritik. Band 2,2

Instrumente des Sehens

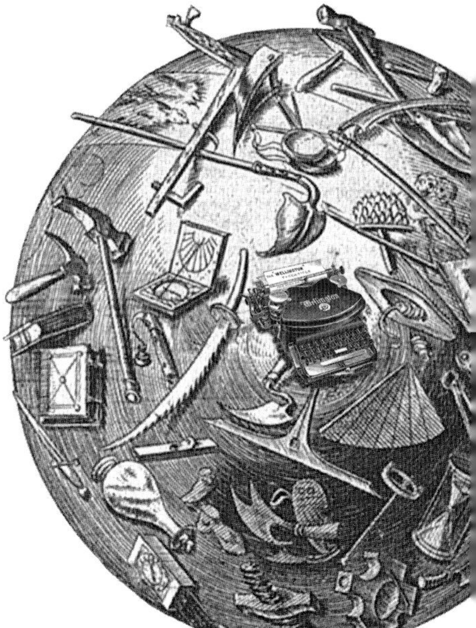

THEORIA CUM PRAXI

Akademie Verlag

Inhaltsverzeichnis

Editorial

Kaum ein Ereignis hat das Vertrauen in die menschliche Wahrnehmung so nachhaltig erschüttert wie die Entdeckung der unebenen Oberfläche des Mondes, die Galileo Galilei am 30. November des Jahres 1609 durch sein Teleskop erkannte. Dabei wurde der Glaube an den Augenschein untergraben, zugleich aber auch die Idee der Erkenntnis selbst relativiert. Denn Galileo konnte zwar mit Hilfe dieses optischen Hilfsmittels genauer sehen als die unbewaffneten Augen seiner Zeitgenossen, aber dieser Erkenntnisfortschritt hatte den Preis, dass die neu gewonnene Einsicht eine nur relative Bedeutung besaß. Denn ihr musste bewusst sein, dass das optische Instrument mit der Verbesserung seiner selbst neue, möglicherweise divergierende Bilder erzeugen würde. Mit der instrumentell gewonnenen Einsicht waren nicht nur der unbewaffnete Blick des Menschen, sondern auch das technisch gewonnene Bild um den Absolutheitsanspruch ihrer Wahrheit gebracht. In dieser Spannung bewegt sich die Nutzung von Instrumenten bis heute. Dem Erkenntnisgewinn steht die Gewissheit zur Seite, seit dem ersten Einsatz von Instrumenten von deren relativen Ergebnissen abhängig geworden zu sein.

In derselben Doppelbewegung erweitern optische Instrumente den Horizont der Ferne wie auch des Kleinsten, um das solcherart Geöffnete zugleich zu lenken oder auf Ausschnitte zu verengen. Durch diese Bedingtheit der Seherwartung erhalten optische Instrumente in der Kunst und in der Wissenschaft die Funktion eines feinen Filters, der einzelne Aspekte stärkt und andere ausblendet. Sie wurden einerseits genutzt, um die Sicht auf Kunstwerke wie auf Naturformen zu verfremden und auf diesem Wege zu einem vermeintlich objektivierten und vorurteilsfreien Blick zu gelangen. Sie dienten umgekehrt auch als Instrument, mit dem sich bei der Herstellung von Bildern aus der Fülle des Sichtbaren nur ausgewählte Elemente ins Bild setzen ließen.

Mit dem Doppelcharakter der Ermöglichung und Begrenzung hat sich die Steuerung der instrumentell gewonnenen Bilder auf ungeahnte Weise verstärkt, wie es heute die Nanotechnologie vorführt. Nur selten wurde deutlicher, dass Bilderzeugung zugleich auch Bearbeitung ermöglicht und Wahrnehmungstheorien auch Handlungsregeln implizieren.

Den Fokus auf die Bilder der technischen Instrumente zu lenken bedeutet, einen Blick auf die Kunstgeschichte als Technikgeschichte zu eröffnen, wie dies Heinz Herbert Mann in seiner grundlegenden Arbeit zu *Augenglas und Perspektiv* entwickelt hat. Insofern technische Bilder über den unmittelbar apparativen Aspekt hinausgehen, sind sie Grenzüberschreiter der Trennlinien, die zwischen den Bildern

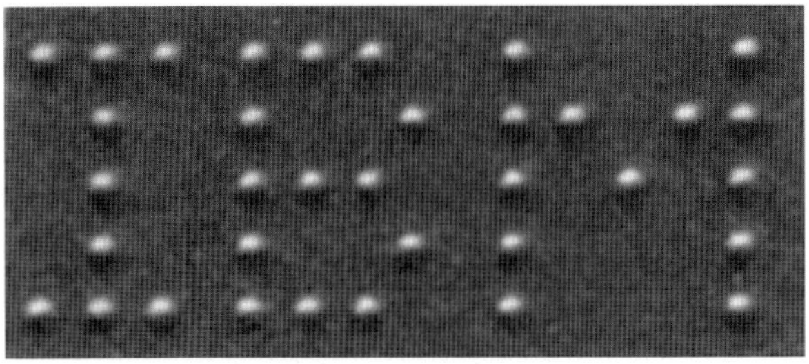

Abb. 1: Die erste Ikone der Nanotechnologie (rastertunnelmikroskopische Aufnahme).

IBM-Forschungslabor Almaden Ende der 1980er Jahre ein Projekt zum Bau und Betrieb des damals am höchsten auflösenden Rastertunnelmikroskops der Welt. Nachdem das erste Rastertunnelmikroskop 1981 im IBM-Labor Zürich von Gerd Binnig, Heinrich Rohrer und Christoph Gerber gebaut worden war, hatte dieses bildgebende Verfahren innerhalb weniger Jahre eine rasante Entwicklung genommen. Die Nobelpreisverleihung 1986 an Binnig und Rohrer war Ausdruck und Motor einer großen Aufmerksamkeit in fachwissenschaftlichen Kreisen und einer interessierten Öffentlichkeit. Eiglers Vorhaben in Almaden zielte auf ein Gerät mit höchstmöglicher Auflösung ab, das sich durch hochwertige Steuerungselektronik und die Möglichkeit, bei Temperaturen von 4K (-269 Grad Celsius) und im Ultrahochvakuum zu präparieren und zu messen, auszeichnete. Die tiefe Temperatur nahe am absoluten Temperatur-Nullpunkt (-273 Grad Celsius) und das Hochvakuum sollten Bedingungen darstellen, in denen thermische Störungen und Verunreinigungen der Proben durch Fremdatome ausgeschlossen sein sollten. Im Mittelpunkt des Projekts stand zunächst die Realisierung dieses leistungsstärksten Rastertunnelmikroskops und damit ein Grundlagenforschungsprojekt ohne explizite Anwendung.

Die Skizze der Apparatur (Abb. 2) zeigt einen komplexen Aufbau mit zahlreichen Instrumenten zur Präparation und Untersuchung der Probe. Durch Untersuchungen mit einem Auger-Elektronen-Spektrometer (AES), einem Massenspektrometer und einem Instrument zur Elektronenbeugung (LEED) konnte sichergestellt werden, dass die Proben bereits vor der tunnelmikroskopischen Untersuchung genau charakterisiert waren. Bei der Auswertung der rastertunnelmikroskopischen Bilder stand damit ein präzises Vorwissen über die Proben zur Verfügung, mit dem die Bilder abgeglichen wurden. Hans-Jörg Rheinberger hat den Hinweis gegeben, dass in der Mikroskopie zwischen der Probenpräparation und dem Bild im Mikroskop eine Phase der Ungewissheit über das Ergebnis der Präparation liegt[4], die im Fall dieses Tunnelmikroskops durch die Untersuchung mit zwischengeschalteten Instrumenten in kleinere Intervalle unterteilt wird. Auch die Erzeugung des Vakuums und die schrittweise Kühlung erforderten

4 Hans-Jörg Rheinberger: Präparate. Eine bildtheoretische Annotation. In: Bildwelten des Wissens. Band 1,2, Berlin 2003, S.13.

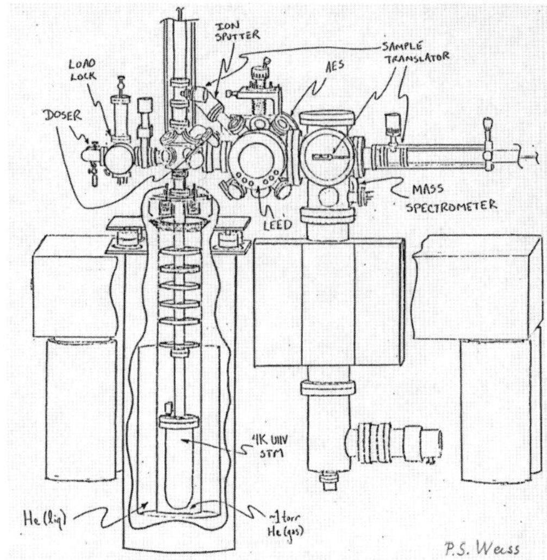

Abb. 2: Schematische Darstellung des Ultrahochvakuum-Rastertunnelmikroskops im IBM-Labor Almaden.

einen erheblichen instrumentellen Aufwand, wobei die beteiligten Experimentatoren Erfahrungen in diesen Gebieten einbringen konnten: Don Eigler galt als Spezialist der Vakuum- und Tieftemperaturphysik und beschäftigte Postdocs, die ebenfalls auf diesen Gebieten ausgebildet waren. Das Tunnelmikroskop selbst stellte nur einen kleinen Teil der Apparatur dar und befand sich dauerhaft im evakuierbaren, kühlbaren unteren Bereich der Apparatur. Dass es in der Skizze nicht eingezeichnet ist, sondern lediglich durch die nachträgliche handschriftliche Kennzeichnung „STM" (Scanning Tunneling Microscope) ein Verweis besteht, relativiert seine Bedeutung innerhalb der Apparatur und verdeutlicht die Relevanz der anderen Instrumente zur Erzeugung definierter Zustände auf der Probe und in der Umgebung der Probe.

In gemeinsamen Experimenten mit dem Postdoc Paul Weiss versuchte Eigler, die Adsorbtion und damit zusammenhängende Verteilung von Xenon-Atome auf einer reinen Platin-Oberfläche zu untersuchen. Nur im Ultrahochvakuum setzten sich ausreichend wenig andere Atome auf der Oberfläche ab und nur bei einer tiefen Temperatur von 4 K hatten die Xenon-Atome so geringe kinetische Energie, dass sie sich nicht von der Oberfläche lösten. Nur unter diesen artifiziellen Bedingungen konnte das Experiment durchgeführt werden, konnte die Gefahr der Verunreinigung durch ‚natürliche' Prozesse minimiert werden.[5]

Doch auch unter diesen definierten Bedingungen und trotz der Minimierung von Unregelmäßigkeiten an der Probe durch die Voruntersuchungen war das Experimentieren durch Unvorhersehbarkeiten geprägt. Zum einen war die Zuverlässigkeit des Tunnelmikroskops geringer als erhofft. Häufig wurden die zeitaufwändigen Prozeduren der Probenpräparation, Voruntersuchungen, Evakuierung und Abkühlung vollzogen, doch konnten keine tunnelmikroskopischen Messdaten produziert werden, was eine Wiederholung sämtlicher

5 Zur Natur als Gefahr für das Experiment siehe auch die Ausführungen von Hans-Jörg Rheinberger in seinem Beitrag: Von der Zelle zum Gen. In: Hans-Jörg Rheinberger, Michael Hagner (Hg.): Räume des Wissens. Repräsentation, Codierung, Spur, Berlin 1997, S. 274.

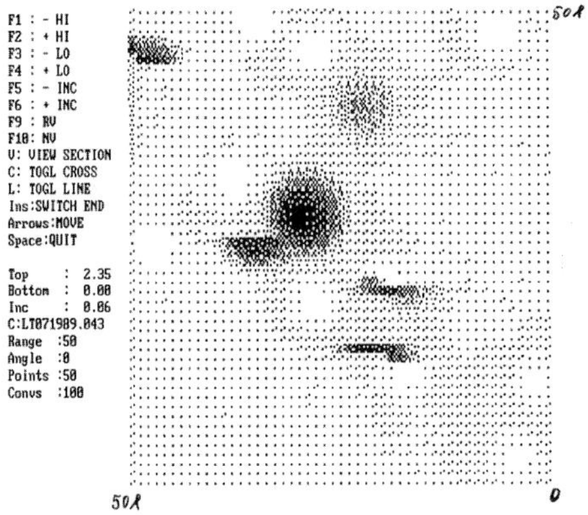

Abb. 3: Rastertunnelmikroskopisches Bild, bei dem einzelne Atome (dunkle Kreisform) während des Abrasterns verschoben wurden.

Arbeitsschritte erforderlich machte und bis zu einer Woche Arbeitszeit benötigte. War das Gerät in einem funktionstüchtigen Zustand, wurden Bilder erzeugt, in denen sich statt der erwarteten dunkleren kreisförmigen Formen an den Stellen einzelner adsorbierter Atome immer wieder einzelne Streifen und Versetzungen zeigten (Abb. 3), die Eigler und Kollegen als Verschiebung der Atome während des Scanprozesses deuteten. Dabei konnten sie sich auf Berichte anderer Experimentatoren beziehen, die von einer Veränderung der Probe durch das Abscannen berichtet hatten.[6]

Dem Ursprung dieser Verschiebung nachzugehen und zu versuchen, dieses zunächst als Störung betrachtete Phänomen gezielt zu reproduzieren, stellt eine bemerkenswerte Leistung und Heuristik der Experimentatoren dar, da sie ursprüngliche Ziele aufgrund neuer Fährten zurückstellten. Es entstand eine Eigendynamik, für deren Beschreibung sich Ian Hackings vielzitierter Satz „Experiment has a life of its own"[7] anführen lässt. Ganz im Sinne Hackings stellten sie keine theoretischen Überlegungen über die quantitative Beschreibung der Wechselwirkung zwischen Tunnelspitze und bewegten Atomen an, die als Grundlagen des weiteren Experimentierens dienten, handelten aber doch systematisch, indem sie nach Alternativen zum Platin-Kristall als Untergrund suchten. Dabei konnte auf persönliche Erfahrungen aus Experimenten im IBM-Labor Almaden zurückgegriffen werden: Erhard Schweizer hatte zuvor gemeinsam mit Charles Rettner die Wechselwirkung einzelner Atome auf Oberflächen untersucht, und der Festkörperphysiker Joachim „Joe" Stöhr konnte ihnen mit Nickel einen auf atomarer Ebene ‚raueren' Kristall zur Verfügung stellen, so dass sich die adsorbierten Atome nicht so leicht und unbeabsichtigt verschieben ließen wie beim Platin.[8] In den Folgeexperimenten gelang es, Einstellungen am Tunnelmikroskop zu finden, so dass die adsorbierten Xenon-Atome entweder mit der Spitze gezielt bewegt wurden, oder aber die Spitze herkömmlich zum Abrastern und Abbilden der Oberfläche eingesetzt werden konnte, ohne

6 Siehe zum Beispiel: David W. Abraham et al.: Surface modification with the scanning tunneling microscope. In: IBM Journal of Research and Development, Vol. 30, 1986, No. 5, S. 492–499.

7 Ian Hacking: Representing and intervening, Cambridge 1983, S. 150.

8 Bei den hier erwähnten Kristallen handelt es sich jeweils um Nickel (110) und Platin (111).

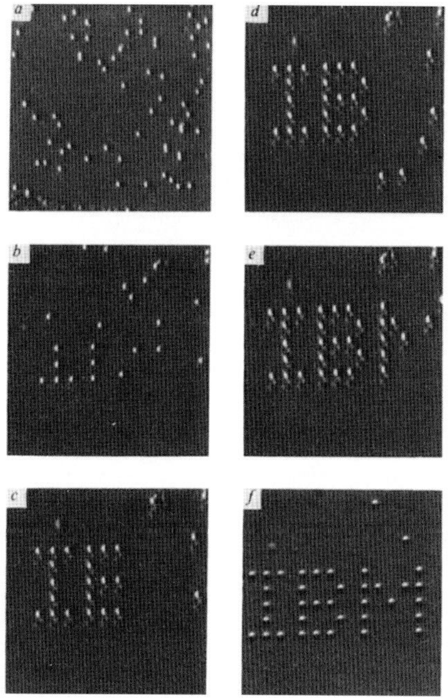

Abb. 4: Bildfolge, die zur Erstellung des atomaren Logos in Nature veröffentlicht wurde.

Verschiebungen zu verursachen. Als Eigler den Wechsel zwischen diesen beiden Modi reproduzierbar beherrschte, demonstrierte er am 9.11.1989 dieses Wechselspiel durch die Erzeugung und Abbildung des Schriftzugs IBM. Damit befand er sich in einer langen Tradition, die Erzeugung der Kulturtechnik Schrift zur Demonstration der Kontrollierbarkeit von Natur durch Technik bzw. im Experiment einzusetzen: Schreibautomaten des 18. Jahrhunderts und Schrift als Motiv in Georg Lichtenbergs Elektrophor-Figuren sind zwei prominente Beispiele.[9] Auch in Überlegungen zu mikroskopischen Verkleinerungen stellte Schrift ein viel zitiertes Motiv dar, etwa beim Schreiben des Vaterunser durch den Mikroskopiker William Webb im 19. Jahrhundert[10] oder in Richard Feynmans nachträglich viel beachteter Rede „There is plenty of room at the bottom"[11], in der er das Potenzial von Miniaturisierungen durch den geringen Platzbedarf ganzer Bibliotheken im Fall verkleinerter Schrift zu verdeutlichen suchte.

In der ersten Veröffentlichung zum IBM-Logo in der Zeitschrift Nature ist eine Bildfolge von sechs Bildern veröffentlich worden (Abb. 4), in der das allmähliche Verschieben ursprünglich willkürlich angeordneter Xenon-Atome zum Schriftzug IBM schrittweise nachzuvollziehen ist.[12] Durch die letztlich exakte Anordnung der Atome zueinander und die absolute Gleichmäßigkeit der Atomabstände innerhalb der Buchstaben wird ein Maximum an Kontrollierbarkeit demonstriert. Im Text wird darauf verwiesen, dass die Positionierung der

9 Ich danke Peter Heering für den Hinweis auf diese Tradition.

10 W. Webb: The best, the most simple, and unerring tests for objectives. In: The Journal of the Quekett Microscopical Club, Bd. 3, 1872–1874, S. 113; zitiert nach: Stefan Ditzen: Mikrometrie: zwischen natürlicher und künstlicher Messbarkeit. Unveröffentlichtes Vortragsmanuskript, präsentiert auf dem Workshop „Optische Armaturen", Berlin, 25.7.2003.

11 Richard P. Feynman: There's plenty of room at the bottom. Die Rede hat Feynman am 29.12.1959 am Caltech gehalten, erstmals abgedruckt wurde sie in: Engineering and Science, Februar 1960, S. 20 ff.

12 Don Eigler, Erhard Schweizer: Positioning single atoms with a scanning tunnelling microscope. In: Nature, Vol. 344, 1990, S. 524–526.

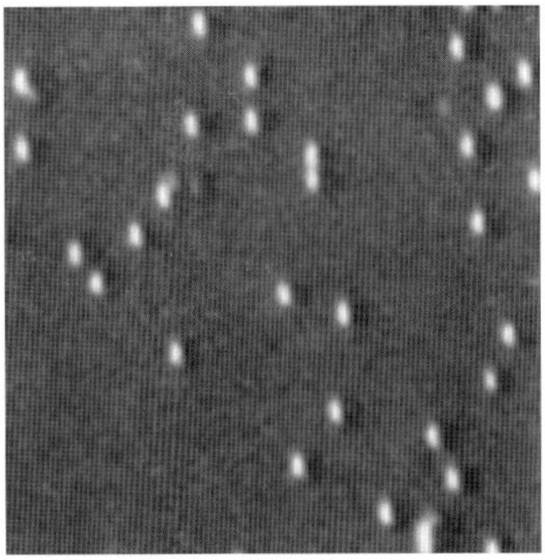

Abb. 5: Detail aus Abb. 4, Bild a.

adsorbierten Xenon-Atome durch die Struktur des Nickel-Untergrundes nur an diskreten Orten in gleichmäßigen Abständen möglich ist, die Nickel-Oberfläche in dem Bild jedoch nicht atomar aufgelöst sei.[13] Damit erscheint die Oberfläche im Bild glatt und verweist nicht auf diese Randbedingungen, so dass anscheinend die exakten Positionen der Kontrolle des Experimentators geschuldet sind. Im Text werden auch die Bedingungen wie die niedrige Temperatur und das Hochvakuum als betriebsbedingte Anforderungen genannt, das Instrument selbst und die Komplexität seiner Beherrschung wird – entsprechend den Konventionen naturwissenschaftlicher Veröffentlichungen – nicht beschrieben. Während die Experimentatoren in Vorträgen Folien präsentierten, auf denen beispielsweise anhand des Bildes ursprünglich unabsichtlich verschobener Atome (Abb. 3) die anfänglichen Motivationen und Probleme thematisiert wurden, tauchen diese in der schriftlichen Veröffentlichung nicht mehr auf. Mit den Worten des Wissenschaftshistorikers Falk Rieß gesprochen: „Die Publikation ist der erste Schritt zur Kanonisierung eines Experiments, und was wirklich im Experiment geschah wird vergessen und verdrängt zugunsten einer naturwissenschaftlich korrekten, linearen Erkenntnislogik ...".[14]

Bezüglich der Bildgestaltung vermerkten Eigler und Schweizer in der Bildunterschrift, dass eine Differenzialdarstellung gewählt sei. Damit ist ein eher selten publizierter Darstellungsmodus gewählt worden, bei dem nicht, wie meistens üblich, den Höhenpositionen der Spitze beim Abrastern der Oberfläche Graustufen zugeordnet wurden. Vielmehr wurde die vertikale Bewegungsrichtung der Spitze des Tunnelmikroskops während des Scannens von links nach rechts codiert: Das Anheben der Spitze wurde mit hellen Grautönen versehen, nahezu waagerechte Bewegungen mit mittleren Grautönen und das Absenken mit dunklen Grautönen. Eine unvermeidbare Schieflage der Kristall-

13 Erhard Schweizer betonte im persönlichen Gespräch am 8.10.2003, dass die Auslenkung der Mikroskopspitze beim Abscannen eines adsorbierten Xenon-Atoms um mehr als den Faktor 10 größer ist als beim Abscannen der atomaren Korrugation der Ni(110)-Oberfläche.

14 Falk Rieß: Erkenntnis durch Wiederholung. In: Michael Heidelberger, Friedrich Steinle (Hg.) Experimental Essays – Versuche zum Experiment, Baden-Baden 1998, S. 168, Hervorhebung wie im Original.

15 Nicolas Rasmussen: Picture Control. The Electron Microscope and the Transformation of Biology in America 1940 - 1960, Stanford 1997.

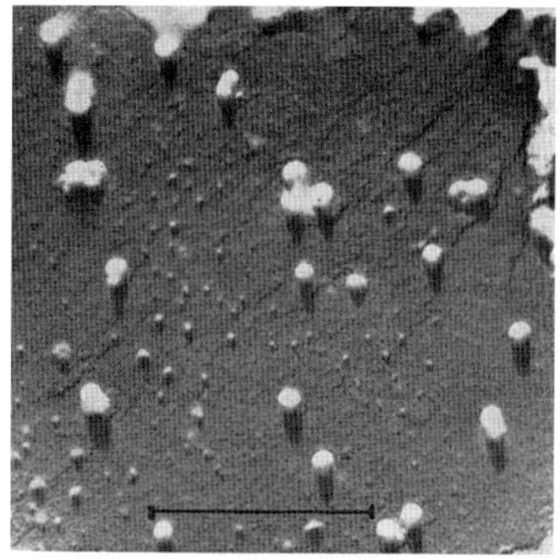

Abb. 6: Frühe elektronenmikroskopische Aufnahme von Viren, 1945.

Oberfläche im Mikroskop wurde bei dieser Umsetzung der Messwerte in ein Bild nicht offensichtlich. Gleichzeitig konnte an makroskopische Sehgewohnheiten angeknüpft werden, da der Anblick von links beleuchteter Hütchen mit einem Schatten nach rechts suggeriert wird. Damit wurden Bildstrategien aufgenommen, wie sie auch in der Frühzeit der Elektronenmikroskopie in den 1940 Jahren entwickelt worden waren. Der Vergleich eines Ausschnittes der Bildserie zum Zusammenschieben des IBM-Logos (Abb. 5) mit einem elektronenmikroskopischen Bild von Grippe-Viren aus dem Jahr 1945 (Abb. 6) zeigt die Gemeinsamkeit, dass der Untergrund in einem mittleren Grauton erscheint, die Erhebungen eine hellere und eine dunklere Seite haben. Voraussetzung für die Schattenbildung in Abbildung 6 war die Bedampfung der Viren mit Metall, doch zeigten sich in den Originalaufnahmen die Schatten als hellste Stellen im Bild. Erst durch die Verwendung des Negativs wurde ein Schattenwurf suggeriert, der an makroskopische Sehgewohnheiten anschlussfähig war.[15] Im elektronen- wie im tunnelmikroskopischen Bild ergab sich die Suggestion von Schatten nicht ‚von selbst', sondern war das Ergebnis mehrstufiger Bildverarbeitung.

Mit dem IBM-Logo ist so einerseits eine exakte Bildgestaltung gewählt worden, die den Standards wissenschaftlicher Veröffentlichungen entsprach. In einem Folgeartikel wurden die experimentell ermittelten Daten mit der theoretisch hergeleiteten Spur der Tunnelspitze verglichen.[16] Die dabei verwendete Darstellung (Abb. 7) zielt durch die verwendeten Skalen auf eine Quantifizierung ab, steht aber keineswegs im Widerspruch zu ursprünglichen Differenzialdarstellung im IBM-Logo, in der für Experten die qualitative Spur der Spitze leicht erfassbar war.[17]

Zudem ermöglichte die Bildgestaltung die Rezeption auf einer weniger abstrakten Ebene, da der Eindruck verschiebbarer Kugeln, die mit Atomen identifiziert werden können, bedient wurde. In diesem Sinn hat das Bild Verbreitung gefunden.

16 D.M. Eigler, P.S. Weiss, E.K. Schweizer, N.D. Lang: Imaging Xe with a low-temperature scanning tunnelling microscope. In: Physical Review Letters, Vol. 66, 1991, No. 9, S. 1189–1192.

17 Dass die Interpretation dieses Experiments zu einer Veränderung der theoretischen Erklärung des Rastertunnelmikroskops führte, die bis dahin erzielten Ergebnisse dadurch aber nicht hinfällig wurden, ist aus epistemologischer Sicht äußerst bemerkenswert, wird von mir aber erst an anderer Stelle ausgeführt werden können.

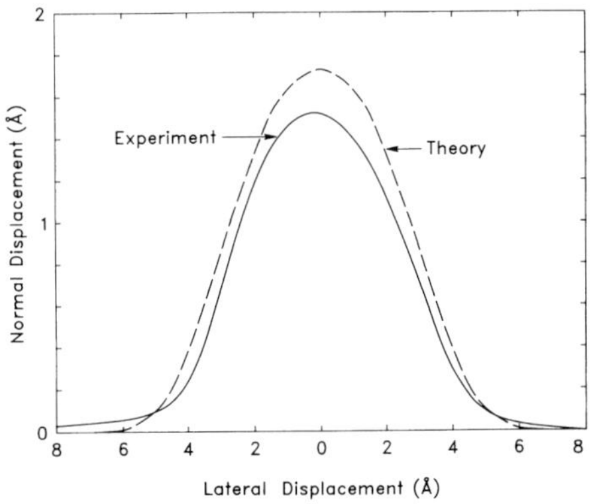

Abb. 7: Vergleich von experimentell und theoretisch ermittelten Daten in einem Graphen.

Bruno Latour hat die Mobilität als Eigenschaft wissenschaftlicher Repräsentationen hervorgehoben[18], die für das IBM-Logo bis auf die Küchentische hunderttausender von Privathaushalten, an denen Tageszeitungen gelesen werden, reichte. IBM schaltete Anzeigen, in denen das Logo in doppelseitigem Format zu sehen war. War das Logo ursprünglich Teil einer wissenschaftlichen Veröffentlichungsstrategie, so ist es schnell zum Teil einer Werbestrategie geworden. Der auf das Bild bezogene Text in der Anzeige lautete: „Als es Wissenschaftlern der IBM zum ersten Mal gelang, einzelne Atome gezielt zu positionieren, setzten sie daraus unseren Firmennamen zusammen." Die Nennung der Atome war eine notwendige Information, da durch die Anlehnung an makroskopische Sehgewohnheiten das Bild keinen Verweis auf die atomare Dimension enthält. Weitere Informationen, wie die extremen Bedingungen, unter denen das Experiment durchgeführt wurde oder die vorgegebene Rasterung durch den nicht im Bild aufgelösten Nickel-Kristall fehlten. Die Aussage des Bildes wurde dahingehend reduziert, dass es IBM gelungen war, einzelne Atome im eigenen Interesse manipulieren zu können.
Zur Öffentlichkeitsarbeit von IBM gehörte auch die Anfertigung eines Fotos von Don Eigler (Tafel 1). Im Hintergrund befindet sich das Tunnelmikroskop, dessen einzelne Bestandteile nicht auseinander zu halten sind und dem durch blaue Beleuchtung ein magischer Glanz verliehen wird. Im Vordergrund neben Don Eigler liegt auf dem Experimentiertisch das Plastikmodell einer Kristall-Oberfläche mit adsorbierten Atomen, das den experimentellen Zugriff auf einzelne Atome verdeutlicht. Das Bild fügt sich in die lange Tradition von Wissenschaftlerporträts ein, in denen seit der Entwicklung des Experiments als naturwissenschaftliche Methode im 17. Jahrhundert die Wissenschaftler zusammen mit ihren Instrumenten und Verweisen auf ihre Forschungsgebiete abgebildet werden.[19] Heute sind diese Porträts in Ehrengalerien wie dem Ehrensaal des Deutschen Museums oder in langen Gängen altehrwürdiger Universitäten anzutreffen.

18 Bruno Latour: Drawing things together. In: Michael Lynch, Steven Woolgar: Representation in Scientific Practice, Cambridge 1990, S. 26.

19 Anhand der Beispiele von Helmholtz und Virchow beschreibt Gabriele Werner, wie durch solche Porträts Autorität erzeugt werden kann: Das Bild vom Wissenschaftler – Wissenschaft im Bild. In: kunsttexte.de, 2001/Nr. 1; http://www.kunsttexte.de/download/bwt/werner.pdf (Stand 10/2004).

Allein die Tatsache, dass Don Eigler in dieser Tradition porträtiert wurde, legt nahe, dass ihm Ehre gebühre, da er ein historisches Experiment vollzogen habe. Mit den Porträts einzelner Wissenschaftler werden insofern Mythen einzelner, genialer Wissenschaftler transportiert, als dass das notwendige Netz von weiteren beteiligten Personen und Helfern unberücksichtigt bleibt.[20] Eiglers in der Veröffentlichung noch als Co-Autor aufgeführter Kollege Erhard Schweizer kommt ebenso wenig vor wie Paul Weiss, der beim Aufbau der Apparatur behilflich war, wie Joachim Stöhr, der die benötigten Kristalle zur Verfügung gestellt hat, oder wie die Handwerker der IBM-Werkstätten, die zum Bau des herausragenden Instrumentes wesentlich beigetragen hatten.
Selbstverständlich war die Berücksichtigung solcher wissenschaftshistorischer Kategorien nicht das Ziel einer IBM-Werbekampagne, in der die Leistungen aus den eigenen Forschungslaboratorien hervorgehoben und überhöht wurden. Gleichzeitig hat sich durch die Wirkkraft der Bilder eine Eigendynamik entwickelt, die von den ursprünglichen Protagonisten nicht abzusehen oder beabsichtigt war. In dem 1999 verfassten Bericht *Nanotechnology – Shaping the world atom by atom*[21] des US-amerikanischen ‚National Science and Technology Council', das von Bill Clinton ins Leben gerufen wurde, wird auch auf Eiglers und Schweizers Experiment von 1989 verwiesen. Obwohl mittlerweile durch digitale Bildbearbeitung unterschiedliche Versionen des IBM-Logos kursierten, sind in dem Bericht vier Bilder aus der ursprünglich veröffentlichten Sechser-Serie des IBM-Logos abgebildet (in Abb. 4, Bild a, b, d, f) und es wird im Text auf die experimentellen Zustände wie das Vakuum und die tiefe Temperatur als Bedingungen verwiesen. Die Bildgestaltung und damit die Wahl einer Differenzialdarstellung werden nicht thematisiert, der Eindruck von Erhebungen auf einer glatten Oberfläche wird als nicht erklärungsbedürftig erachtet. Statt dessen wird im selben Abschnitt von einem Tunnelmikroskop an der University of North Carolina berichtet, das über das Internet steuerbar ist, so dass Highschool-SchülerInnen einzelne Viren mit der Spitze verschieben konnten. So wie es der Vergleich der Abbildungen 5 und 6 nahe legt, wird das Verschieben einzelner Atome mit dem Verschieben von tausendfach größeren Viren gleichgesetzt. Die besonderen Bedingungen und der instrumentelle Aufwand eines Experiments im atomaren

20 Zur Schaffung und Weitergabe weiterer Mythen um Experimente und Experimentatoren siehe: Klaus Hentschel: Das Märchen vom Zauberer im weißen Kittel. In: Physik in unserer Zeit, 34. Jg, Nr. 5, September 2003, S. 225.

21 NSTC (Hg.): Nanotechnology: Shaping the World Atom by Atom, Washington 1999; http://itri.loyola.edu/nano/IWGN.Public.Brochure (Stand 10/2004).

Maßstab findet keine Berücksichtigung und damit auch nicht die auf der Nanoskala geltenden, von quantenphysikalischen Einflüssen geprägten Gesetzmäßigkeiten, durch die sich künftige Materialien der Nanotechnologie auszeichnen könnten, und die im Mittelpunkt der Studie zur weiteren Ausrichtung der US-amerikanischen Forschungsförderung der Nanotechnologie stehen sollten. Auf der Bildebene scheint es austauschbar, ob Viren oder Atome in einem Experiment verschoben werden. Auch Antonia Jones hat sich in ihrer eingangs angeführten Vorlesung von der grundsätzlichen Möglichkeit zur Verschiebung von Atomen in einem komplexen Experiment dazu verleiten lassen, Allmachtsfantasien zu entwickeln, die auf der ins Bild gebrachten Beherrschung der Bausteine der Natur beruhen.

In dem 1999 erschienenen Buch *Nanotechnology*, dessen Anspruch es war, eine Vision der Nanotechnologie für Studierende der Naturwissenschaften zu entwickeln[22], verfasste Don Eigler einen Artikel mit dem Titel *From the bottom up: Building things with atoms*. Anstatt in den Kanon der Visionäre einzustimmen, sah er sich veranlasst, auf den wissenschaftlichen Nutzen von Experimenten, in denen einzelne Atome verschoben werden, hinzuweisen. Indem er die komplexen instrumentellen und experimentellen Anforderungen zur Erzeugung der notwendigen definierten Zustände wie tiefe Temperatur und Ultrahochvakuum beschrieb, relativierte er die Utopien, in deren Kontext das von ihm erzeugte Bild kursierte. Auch wenn er in seinem Artikel die Vorstellung der technischen Produktion aus einzelnen Atomen in absehbarer Zukunft als völlig lächerlich („completely ridiculous“) bezeichnete[23], so wird auch weiterhin die Suggestivkraft des atomaren IBM-Logos und verwandter Bilder die Diskussionen über Nanotechnologie prägen.

22 Gregory Timp (Hg.): Nanotechnology, New York 1999, auf dem Buchrücken werden der Anspruch und die Zielgruppe genannt.

23 Don Eigler: From the bottom up: Building Things with Atoms. In: Gregory Timp (siehe Anm. 22), S. 432.

Franziska Brons

Das Versprechen der Retina. Zur Mikrofotografie Robert Kochs

Um die Resultate der ersten Erforschung des *Bacillus Anthracis* zu überprüfen, betrachteten der Bakteriologe Robert Koch und sein Mentor Ferdinand Cohn 1876 die Milzbrand-Präparate mittels in der Qualität der Auflösung divergierender Mikroskope und hielten ihre Beobachtungen in Zeichnungen fest. Durch den Vergleich der unabhängig voneinander angefertigten und in diesem Fall fast deckungsgleichen ‚Illustrationen' fand Koch seine ursprünglichen Ergebnisse bestätigt.[1]

Noch im selben Jahr unternahm der spätere Nobelpreisträger Anstrengungen, den eigenen Zeichenstift durch den Talbotschen Zeichenstift der Natur zu ersetzen. So formulierte er in einem Brief an die Firma Seibert&Krafft: „Mit Arbeiten über Bacterien beschäftigt bin ich auf unüberwindliche Schwierigkeiten gestoßen, diese kleinsten Organismen genau durch Zeichnungen wiederzugeben und hoffe, dieses Hindernis durch Anwendung der Mikrophotographie beseitigen zu können. [...] In Ihrem Katalog [...] finde ich mehrere Apparate aufgeführt, welche indessen nach meinem Ermessen für meine Zwecke nicht ganz entsprechend sind."[2] Nach längerer Korrespondenz stellte man Koch einen adäquaten fotografischen Apparat zu, an dem er diverse Umbauten vornahm (Abb. 1). Kochs Verdienst liegt demnach nicht nur in der Aufdeckung des biologischen Verhaltens von *Anthrax*, sondern ebenso in der grundlegenden Entwicklung einer apparativ gestützten Visualisierungstechnik: Im Jahre 1877 publizierte Robert Koch als erster Wissenschaftler Fotografien von Bakterien.[3] Die mikrofotografische Apparatur vermochte Beobachtungs- und Aufzeichnungsinstrument in einer medialen Instanz zu bündeln und versprach nicht nur, die Leistungsfähigkeit der zeichnenden Hand, sondern auch die des menschlichen Auges bei weitem zu übertreffen.

Auge und Apparat

Koch betonte wiederholt die Vorzüge des neuen Mediums, die es aus seiner Sicht zur prädestinierten Form der wissenschaftlichen Bildgewinnung werden ließen. Die sich in seiner wissenschaftlichen Praxis manifestierende Ablösung der Zeichnung – das Spektrum ihrer Charakterisierung erstreckte sich von Willkür

1 Vgl. hierzu Bernhard Möllers: Robert Koch. Persönlichkeit und Lebenswerk. 1843–1910, Hannover 1950, S. 459f.

2 Brief vom 14. 7. 1876 zitiert nach Bruno Heymann: Robert Koch, Leipzig 1932, S. 167.

3 Robert Koch: Verfahren zur Untersuchung, zum Conserviren und Photographiren der Bacterien. In: Cohns Beiträge zur Biologie der Pflanzen, Bd. 2, 1877, Heft 3, S. 399–434.

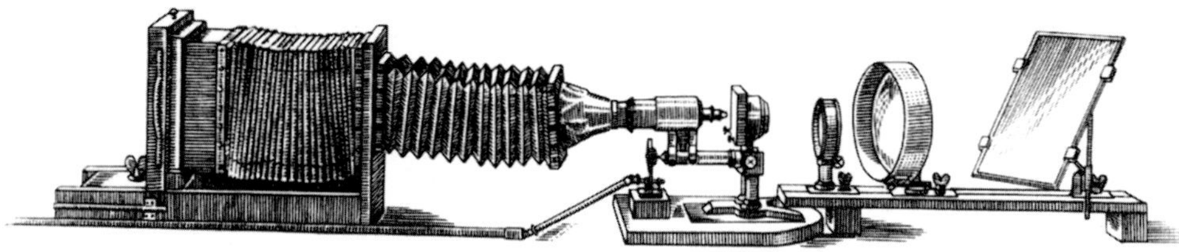

Abb. 1: Mikrofotografischer Apparat von Seibert&Krafft, wie er von Robert Koch genutzt wurde.

bis hin zur wissenschaftlichen Lüge[4] – durch eine Fotografie, die „nicht allein eine Illustration, sondern in erster Linie ein Beweisstück“[5] darstelle, kulminierte 1881 in seinen mit 84 fotografischen Abbildungen ausgestatteten Ausführungen über pathogene Organismen in dem Diktum, das fotografische Bild eines mikroskopischen Gegenstandes sei unter Umständen wichtiger als dieser selbst.[6]
Das Fotogramm 13 des Aufsatzes zeigt das durch Mikrokokken verstopfte Gefäß eines Herzmuskels in 100facher Vergrößerung (Abb. 2). Das Bild wird bestimmt durch eine von oben rechts nach unten links verlaufende streifenartige Struktur, die, auf die makroskopische Bildwelt übertragen, an die Frottage einer Holzmaserung denken lässt. Unterhalb des geometrischen Zentrums des Bildes ist eine dreigefiederte dunkle Form zu verzeichnen, die, umgeben von einem hell gesprenkelten Vorhof, unwillkürlich eine Dynamisierung erfährt und kometenartig auf den unteren Bildrand zuzusteuern scheint, dort aber optisch durch eine geometrisch klar begrenzte Bildecke aufgefangen wird. Es handelt sich bei dieser schwarzen Bildecke um einen ‚Fehler‘ bei der Ablichtung[7], der retouchierbar gewesen wäre, von Koch allerdings bewusst so belassen wurde. In ihrer authentisierenden Einzigartigkeit nimmt die fehlerhafte Ecke einen nahezu künstlichen Charakter an, bürgt nach Koch jedoch für die Echtheit des Bildes und ist vermeintlicher Beweis seines rein objektiven Charakters. „Die Geschichte der verschiedenen Formen der Objektivität kann erzählt werden als die Frage danach, wie, von wem und wann begonnen wurde, verschiedene Formen von Subjektivität als *gefährlich* subjektiv anzusehen“[8], konstatieren Lorraine Daston und Peter Galison in ihrer Studie zum Objektivitätsbegriff. Diese ‚Fehler‘ vorsätzlich und demonstrativ stehen zu lassen und sie als Garanten für die Nicht-

4 Vgl. Koch: Verfahren (s. Anm. 3), S. 400f; ders.: Zur Untersuchung von pathogenen Organismen. In: Mittheilungen aus dem Kaiserlichen Gesundheitsamte, Bd. 1, 1881, S. 11.

5 Koch: Zur Untersuchung (s. Anm. 4), S. 14.

6 Vgl. Koch: Zur Untersuchung (s. Anm. 4), S. 11. Zum Paragone der Visualisierungstechniken siehe insbesondere: Koch: Zur Untersuchung (s. Anm. 4), S. 10–15 sowie Horst Bredekamp, Franziska Brons: Fotografie als Medium der Wissenschaft – Kunstgeschichte, Biologie und das Elend der Illustration. In: Christa Maar, Hubert Burda (Hg.): ICONIC TURN. Die neue Macht der Bilder, Köln 2004, insbesondere S. 370–375.

7 Vgl. Koch: Zur Untersuchung (s. Anm. 4), S. 37f.

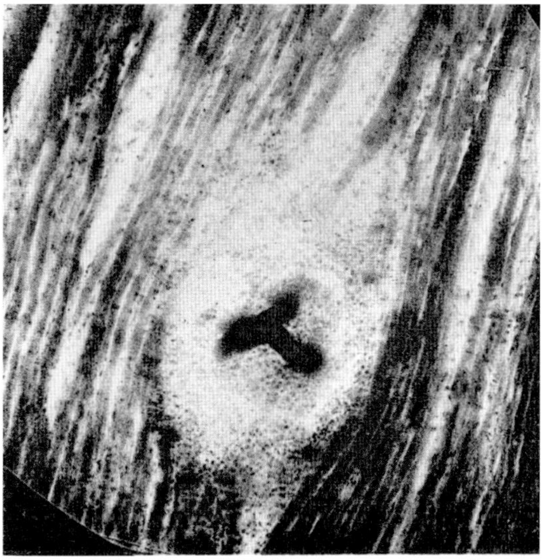

Abb. 2: Robert Koch : Endocarditis ulcerosa. Herzmuskel. Teilungsstelle eines Gefäßes durch Mikrokokken verstopft.

intervention einzusetzen, stellt hierin einen bedeutsamen Wendepunkt dar. Für Koch scheint „die [...] Wahrheit des Schwarz-Weissen“[9] unantastbar und es unmöglich zu sein, einen verbessernden Einfluss auf das Bild zu nehmen, denn, und hier folgt er Talbots *Pencil of Nature*, es ist der Gegenstand, welcher sich eigenständig ins Bild setzt: „Hier [in der photographischen Abbildung] wird ja der Schatten des Präparates selbst als Bild festgehalten und der mikroskopische Gegenstand zeichnet sich selbst [...].“[10]

Das Ende eines Seidenfadens, an welchem Milzbrandsporen angetrocknet waren, ist in 20facher Vergrößerung das Motiv des 31. Bildes desselben Aufsatzes (Abb. 3). Ausgehend vom rechten Bildrand erstreckt sich horizontal ein schwarzer Balken, der zur Bildmitte hin in ein diffuses Gewirr sich kräuselnder Linien aufbricht. Ihre Dichte nimmt zu den Bildrändern hin ab; die vereinzelten filigranen Linien sind nur schwer erkennbar bis sie durch einen Verlust an Schärfe völlig ausgeblendet werden. In dem dazugehörigen Text beklagt Koch die Tatsache, dass die lockigen und vielfach verschlungenen Fäden in realitas kaum zu erkennen seien, die fotografische Abbildung gebe die höchst charakteristische Form jedoch in ausgezeichneter Weise wieder.[11] Die Fotografie ist wahrer als das Wahrnehmbare. So heißt es bei Koch: „[Ich möchte] darauf aufmerksam machen, *dass die photographische Platte überhaupt das mikroskopische Bild besser oder vielmehr sicherer wiedergiebt, als es die Netzhaut des Auges zu empfinden vermag*. Die lichtempfindliche Platte ist gewissermassen ein Auge, welches nicht durch helles Licht geblendet wird, welches nicht bei der anhaltenden Unterscheidung der geringsten Lichtunterschiede ermüdet und das nicht durch Glaskörpertrübungen oder andere Fehler behindert wird. Oft habe ich auf dem Negativ, wenn das

8 [Hervorh. im Orig.] Lorraine Daston, Peter Galison: Das Bild der Objektivität. In: Peter Geimer (Hg.): Ordnungen der Sichtbarkeit. Fotografie in Wissenschaft, Kunst und Technologie, Frankfurt a. M. 2002, S. 31; siehe auch S. 88, 94.

9 Roland Barthes: Die helle Kammer, Frankfurt a. M. 1989, S. 92.

10 Koch: Zur Untersuchung (s. Anm. 4), S. 11.

11 Vgl. Koch: Zur Untersuchung (s. Anm. 4), S. 41.

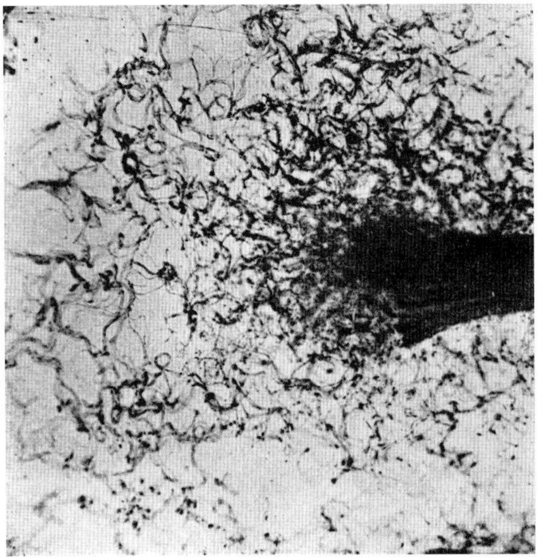

Abb. 3: Robert Koch: Ende eines Seidenfadens, an welchem Milzbrandsporen angetrocknet waren und welcher 24 Stunden in einer konzentrierten wässrigen Lösung von schwefliger Säure gelegen hatte.

Bild nur scharf eingestellt gewesen war, feine Objecte, zum Beispiel feinste Geiselfäden gefunden, welche ich nachträglich nur mit äusserster Mühe und unter den günstigsten Beleuchtungsverhältnissen im Mikroskop erblicken konnte."[12] War es in der ersten Beschreibung noch eine fehlerhafte schwarze Ecke, welche Koch als Ausweis der Objektivität seines Resultats diente, so verbürgte im zweiten Fall das fotografische Bild selbst eine Erkenntnis, die sich zuvor dem mikroskopischen Blick des Forschers entzogen hatte. Der Bakteriologe nutzte den „optischen Mehrwert"[13] der fotografischen Aufzeichnung zur Sichtbarmachung des bis dato unsichtbar gebliebenen. Erst die lichtempfindliche Platte vermochte die im Präparat latent vorhandene Information aufzudecken und wies damit den optischen Apparat des Auges als für den Mikrokosmos unzulänglich aus. Mit seinem Vergleich ruft Koch jene ‚mimetische Rivalität' auf, die Hermann von Helmholtz zum Argumentationsprinzip seiner Vorlesung von 1868 über *Die neueren Fortschritte in der Theorie des Sehens* machte.[14] „Das Auge ist ein von der Natur gebildetes optisches Instrument, eine natürliche Camera obscura"[15], hatte der Physiologe bereits im Jahre 1855 ausgeführt und damit den Sehsinn im Rekurs auf diejenige Apparatur zu bestimmen versucht, die ab dem 17. Jahrhundert zum privilegierten Modell der Erkenntnis avanciert war[16], ihm jedoch nunmehr dazu diente, den Sehvorgang als im Subjekt selbst statthabenden zu erschließen.[17] Die Apparatetheorie kam zum Einsatz, um das Auge hinsichtlich

12 [Hervorh. im Orig.] Koch: Verfahren (s. Anm. 3), S. 408.

13 Peter Geimer: Blow up. In: Wolfgang Schäffner, Sigrid Weigel, Thomas Macho (Hg.): „Der liebe Gott steckt im Detail". Mikrostrukturen des Wissens, München 2003, S. 187.

14 Hermann von Helmholtz: Die neueren Fortschritte in der Theorie des Sehens [1868]. In: ders.: Vorträge und Reden, Bd. 1, Braunschweig 1896, S. 267–365, insbes. 271–294.

15 Hermann von Helmholtz: Über das Sehen des Menschen [1855]. In: ders.: Vorträge und Reden, Bd. 1, Braunschweig 1896, S. 90.

16 Siehe hierzu Jonathan Crary: Techniken des Betrachters. Sehen und Moderne im 19. Jahrhundert, Dresden/Basel 1996, S. 48ff.

17 Siehe hierzu Mark Durden: Peter Henry Emerson. The Limits of Representation. In: History of Photography, Vol. 18, 1994, No 3, S. 281f.

seiner physiologischen Funktionsweise und Leistungsfähigkeit zu befragen, wobei Helmholtz sich veranlasst sah, für das menschliche Sinneswerkzeug zunächst ein beträchtliches ‚Sündenregister' zu erstellen, welches bei einem optischen Instrument als nachlässige Fertigung zu beanstanden wäre[18]. Während sich letzteres durch „mechanische Vollkommenheit"[19] auszeichne, weise ersteres physiologische Charakteristika auf, beispielsweise den durch den Eintritt des Sehnervs bedingten blinden Fleck auf der Netzhaut[20], die „in einer künstlichen Camera obscura, oder in dem von ihr erzeugten photographischen Bilde äusserst störend sein"[21] würden.
Das angenommene Wechselverhältnis von Auge und Apparatur wird von Koch und Helmholtz in einer komplementären Konstellation produktiv zu machen versucht; sowohl der Vorstellung einer das Auge substituierenden Apparatur als auch der eines apparativ bestimmbaren Auges ist dabei zwangsläufig ein Reduktionismus eingeschrieben, der entweder die Spezifika des Sehvorgangs außer Acht lassen oder die Aufzeichnungsqualität optischer Instrumente überbewerten muss.

Netzhautforschung
Neben seiner paradigmatischen Stellung innerhalb der modernen Theoretisierung des Sehens fand der Vergleich zwischen Auge und Kamera von Beginn an eine konkrete Auslegung bezüglich fotografischer Bildproduktion: So hatte schon Niépce seinem Bruder ‚rétines' zugesandt, 1842 hatte sich Ludwig Moser erstmals über Analogien zwischen fotochemischen Prozessen und der Retina Gedanken gemacht[22], Talbot hatte das Kameraobjektiv mit dem Auge sowie das lichtempfindliche Papier mit der Retina verglichen und schließlich hatte der Astronom Jules Janssen die fotografische Platte zur *wahren* Retina des Wissenschaftlers erklärt[23]. Das Jahr 1877 markiert insofern einen entscheidenden

18 Vgl. von Helmholtz: Die neueren Fortschritte (s. Anm. 14), S. 286.
19 von Helmholtz: Die neueren Fortschritte (s. Anm. 14), S. 292.
20 Vgl. von Helmholtz: Die neueren Fortschritte (s. Anm. 14), S. 288.
21 von Helmholtz: Die neueren Fortschritte (s. Anm. 14), S. 290.
22 Ludwig Moser: Ueber den Process des Sehens und die Wirkung des Lichts auf alle Körper. In: Annalen der Physik und Chemie, Bd. 56, 1842, No 6, S. 177–234.
23 Vgl. Jules Janssen: Banquet Annuel de la Société. Discours de M. Janssen. In: Bulletin de la Société Française de Photographie, Bd. 4, 1888, S. 167. Zur Datierung des Ursprungs der Metapher auf 1877 siehe Françoise Launay: Jules Janssen et la Photographie. In: Marie Dominique de Teneuille (Hg.): Dans le Champ des Étoiles. Les Photographes et le Ciel. 1850 2000, Ausstell. Kat. Musée d' Orsay, Paris/ Staatsgalerie, Stuttgart, Paris 2000, S. 26.

Einschnitt für die Netzhaut-Metapher, als dass der Modus der retinalen Bildaufzeichnung sowohl erstmals in einem experimentellen Versuchsaufbau untersucht als auch als Grundlage der Bilderzeugung genutzt wurde.[24]

In seinem Beitrag *Zur Photochemie der Netzhaut* führte der Heidelberger Physiologe Friedrich Wilhelm Kühne Anfang des Jahres im Rückgriff auf Franz Boll aus, dass die Stäbchenschicht der Retina aller Geschöpfe im lebenden Zustand nicht wie bisher angenommen farblos, sondern purpurrot sei.[25] Der Histologe Boll hatte eine Beziehung zwischen Retinafärbung und Lichteinwirkung konstatiert, die Kühne prinzipiell bestätigte, deren physiologische Begründung er jedoch verneinte.[26] In seinen Untersuchungen legte er vielmehr den Grundstein zu einer retinalen Fotochemie. Die konstatierte fortwährende Regeneration des Sehpurpurs verleitete Kühne im Januar 1877 zu einem Vergleich mit der Fotografie, der über den Kochs sogar noch hinausgeht: „Damit [mit der Regeneration] verbunden verhält sich die Netzhaut nicht nur wie eine photographische Platte, sondern wie eine ganze photographische Werkstatt, worin der Arbeiter durch Auftragen neuen lichtempfindlichen Materials die Platte immer wieder vorbereitet und zugleich das alte Bild verwischt."[27] Bereits zum Zeitpunkt der Publikation hatte Kühne den Vergleich in einem Experimentalsystem umgesetzt. Wie eine Mitteilung vom 15. Januar desselben Jahres belegt, war es ihm gelungen, durch Licht hervorgerufene Veränderungen an der Retina eines Kaninchens festzuhalten.[28]

Kopf und Bulbus (Augapfel) des Tieres wurden vor einem quadratischen Ausschnitt im Fensterladen aufgestellt, kurze Zeit mit einem Tuch bedeckt und daraufhin drei Minuten exponiert. Nach der Behandlung mit Alaunlösung und der Isolation der Retina zeigte sich auf der Netzhaut „ein scharf berandetes, nahezu

24 Zur Retina siehe: Christoph Hoffmann: Zwei Schichten. Netzhaut und Fotografie, 1860/1890. In: Fotogeschichte, Jg. 21, 2001, Heft 81, S. 21–38; Richard L. Kremer: The Eye as Inscription Device in the 1870s: Optograms, Cameras and the Photochemistry of Vision. In: Brigitte Hoppe (Hg.): Biology Integrating Scientific Fundamentals. Contributions to the History of Interrelations between Biology, Chemistry, and Physics from the 18th to the 20th Centuries, München 1997, S. 364–381.

25 Vgl. Willy Kühne: Zur Photochemie der Netzhaut. In: Verhandlungen des naturhistorisch-medicinischen Vereins zu Heidelberg, N. F. Bd. 1, 1877, S. 484.

26 Vgl. Willy Kühne: Ueber den Sehpurpur. In: Untersuchungen aus dem Physiologischen Institute der Universität Heidelberg, Bd. 1, 1878, S. 17f.

27 Kühne: Zur Photochemie (s. Anm. 25), S. 492.

28 Vgl. Willy Kühne: Vorläufige Mittheilung über optographische Versuche. In: Centralblatt für die medicinischen Wissenschaften, Jg. 15, 1877, No 3, S. 33ff.

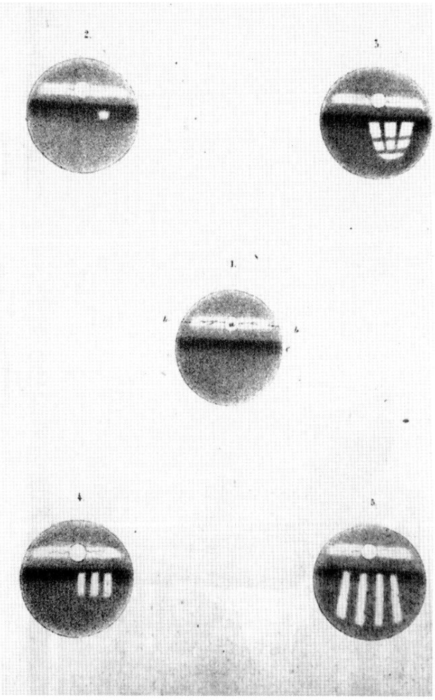

Abb. 4: Willy Kühne: Über den Sehpurpur.

quadratisches, helles Bild“[29], ein *Optogramm*, das den Beweis dafür lieferte, „dass das Licht im Auge auf die Netzhaut, wie in der Camera obscura auf die photographische Platte wirke“[30]. Die *Optogramme* präsentierte Kühne als Ergebnisse dieser Einschreibung in Form einer Lithografie (Abb. 4).

Der Umstand, dass sich von einer konvexen exponierten Retina im Gegensatz zur planen exponierten fotografischen Platte keine Abzüge anfertigen ließen, tat der euphorischen Verwendung der Retina-Metapher im wissenschaftlichen Diskurs keinen Abbruch. Ein Vergleich der beiden Verfahren, im physiologischen Experiment formuliert, lag für die fotografierende Wissenschaft nahe, da die spezifische Qualität der Bildproduktion das Desiderat der Fotografie verkörperte: Das Versprechen der Retina war die automatische Aufzeichnung. Frei von jeglicher menschlichen Intervention brannten sich optische Phänomene in eine natürliche Membran. Das Selbstporträt der Natur schien apparativ gewährleistet. Die Aufzeichnung der Retina vermochte dies sogar noch zu übertrumpfen, denn sie war eine vollendete Selbstschreibung: Der Natur wurde ein maschineller modus operandi nachgewiesen.

Koch imaginierte die fotografische Platte als zweite, wie Janssen formuliert hatte, *wahre* Retina und verglich sie mit seiner eigenen Netzhaut, wobei er zu dem Ergebnis kam, dass sie sich analog zu Kühnes Experiment und abweichend von der lebendigen Retina, auf der die Bilder verwischten, still stellen ließ. Darin lag die Überlegenheit der Fotografie gegenüber der menschlichen Retina: Sie vermochte den Fluss optischer Informationen, oder wie Kühne es für das *Optogramm* formuliert hatte, die „zahlreichen durcheinander klingenden Nachbilder des täglichen Lebens“[31] anzuhalten. Die Beweglichkeit der Bakterien hatte Koch bei der Abbildung große Probleme bereitet, und wie er ausführt, eignete sich zum ‚Fixieren‘ der einzelnen Sporen- und Geiselformen nichts besser als die Fotografie.[32]

29 Kühne: Vorläufige Mittheilung (s. Anm. 28), S. 34.
30 Kühne: Ueber den Sehpurpur (s. Anm. 26), S. 72.
31 Kühne: Ueber den Sehpurpur (s. Anm. 26), S. 93.
32 Vgl. Koch: Verfahren (s. Anm. 3), S. 400, 433.

Das neue Medium, das zudem über eine größere Auflösungsmöglichkeit der Optik verfügte[33], war das *Mehr* der natürlichen Retina. Dieses *Mehr* war dem divergierenden ‚Farbempfinden' zwischen fotografischer Platte und natürlichem Auge geschuldet, und in der Färbung seiner Präparate trug Koch diesem Phänomen zweifellos Rechnung.[34] Folgerichtig wurde die fotografische Platte als eine künstliche Retina, die sich konservieren ließ, zum Einsatz gebracht. Mit dem Netzhaut-Vergleich hatte Koch das Medium der Fotografie naturalisiert und das Naturalisierte gleichzeitig als der menschlichen Natur überlegen dargestellt. Der Topos des bewaffneten Auges war damit aufgelöst, die vermittelnde Instanz ausgeschaltet worden, so dass Koch das Bild nicht als Repräsentation des Gegenstandes, sondern als dessen Realpräsenz galt. Die fotografische Platte ist in seinen Ausführungen unmittelbar sehendes Auge und nicht Medium.[35]

Unendlicher Mehrwert

Die fotografische Aufnahme wurde als still gestellte künstliche Retina zum absoluten Beweis und damit zum Surrogat für die Arbeit am Objekt. Um herauszufinden, ob es sich bei den gesehenen Bakterien um Erreger der Tuberkulose handelte, galt es 1882 Fotografien anzufertigen, an denen man Beobachtungen anstellen konnte.[36] Mit einer in der zweiten Hälfte des 19. Jahrhunderts populären mikrofotografischen Technik, die eine bis zu 30.000fache Vergrößerung erzielen konnte[37], wurde Kochs Diktum, das Bild sei unter Umständen wichtiger als der mikroskopische Gegenstand selbst, visuelle Realität. Die fotografische Aufnahme arrivierte durch Heranzoomen des jeweils neu gewonnen Bildes selbst zum Objekt der Untersuchung. Dem ‚unendlichen' Mehrwert der

33 Vgl. Olaf Breidbach: Der sichtbare Mikrokosmos. Zur Geschichte der Mikrofotografie im 19. Jahrhundert. In: Fotogeschichte, Jg. 18, 1998, Heft 68/69, S. 138.

34 Siehe Koch: Verfahren (s. Anm. 3), S. 405, 407f.

35 Siehe hierzu auch Thomas Schlich: Repräsentation von Krankheitserregern. Wie Robert Koch Bakterien als Krankheitsursache dargestellt hat. In: Hans-Jörg Rheinberger, Michael Hagner, Bettina Wahrig-Schmidt (Hg.): Räume des Wissens. Repräsentation, Codierung, Spur, Berlin 1997, S. 175; Olaf Breidbach: Representation of the Microcosm – The Claim for Objectivity in 19th Century Scientific Microphotography. In: Journal of the History of Biology, Vol. 35, 2002, No 2, S. 232f. Horst Bredekamp, Angela Fischel, Birgit Schneider, Gabriele Werner: Bildwelten des Wissens. In: Bildwelten des Wissens. Kunsthistorisches Jahrbuch für Bildkritik. Bd. 1,1 2003, S. 14.

36 Siehe Friedrich Loeffler: Zum 25jährigen Gedenktage der Entdeckung des Tuberkelbacillus. In: Deutsche Medizinische Wochenschrift, Jg. 33, 1907, No 12, S. 451.

37 Vgl. Joseph von Gerlach: Die Photographie als Hülfsmittel mikroskopischer Forschung, Leipzig 1863, S. 11.

Fotografie konnte in dieser Vergrößerungspraxis lediglich durch die Materialität des Bildes Einhalt geboten werden: „Die Grenze der auf diesem Wege möglichen Steigerung der Vergrösserung liegt nur in dem Sichtbarwerden des Silberniederschlages auf der zu der ursprünglichen Aufnahme verwandten Glasplatte.“[38] Koch selbst hat von dieser Methode Gebrauch gemacht.[39] Im Anfangsstadium seiner fotografischen Arbeit erzielte er eine 1.000fache Vergrößerung, indem er das jeweilige Negativ zwölfeinhalb Mal ablichtete. In dieser Prozedur war die Fotografie nicht Endpunkt, sondern Agent der Forschungsarbeit geworden. Die von ihm proklamierte Realpräsenz des Gegenstandes in der fotografischen Aufnahme wurde so auf absurde Weise zu einer Realpräsenz im Wortsinn. Das fotografische Prinzip wurde zum Forschungsprinzip, die Bildgenese zum Erkenntnismodell.

Experimentalsystem Mikrokosmos

Robert Kochs Mikrofotografie hat unbestritten einen neuen Standard für die wissenschaftliche Visualisierung gesetzt. Ihm zu Folge vermag die Fotografie nicht nur zu illustrieren, sondern das Gesehene inklusive visuellem Überschuss unumstößlich zu verbürgen. Die Aufzeichnung ist jedoch nicht Epiphanie, sondern vielmehr Endpunkt in einer vom Wissenschaftler vielfach beeinflussten Verfahrenskette. Auf der Suche nach Wahrheit, die von seinem eigenen Tun unabhängig ist[40], wird Koch zum Produzenten. Das, was sich dem Betrachter in der Fotografie als ‚Realität‘ präsentiert, ist Information, die von einem Experimentalsystem erarbeitet wurde, auf das Koch als Forscher maßgeblich Einfluss nimmt, „insofern jedes Hervorbringen eines Graphems das Unterdrücken eines anderen“[41] ist. Koch isoliert in seinem Extraktionsverfahren den näher zu bestimmenden Erreger, überführt ihn in ein Präparat, das er wiederum zum Zwecke seiner optimalen visuellen Umsetzung in Antizipation des fotografischen

38 von Gerlach (s. Anm. 37), S. 11.

39 Siehe Brief vom 4. 12. 1876 von Robert Koch an Ferdinand Cohn in: Heymann (s. Anm. 2), S. 176.

40 Vgl. Bruno Latour: Von der Fabrikation zur Realität. Pasteur und sein Milchsäureferment. In: ders.: Die Hoffnung der Pandora. Untersuchungen zur Wirklichkeit der Wissenschaft, Frankfurt a. M. 2000, S. 164.

41 Hans-Jörg Rheinberger: Experimentalsysteme und epistemische Dinge. Eine Geschichte der Proteinsynthese im Reagenzglas, Göttingen 2001, S. 119. Zum Kochschen Bakterium als Konstrukt siehe: Olaf Briese: Angst in den Zeiten der Cholera. Über kulturelle Ursprünge des Bakteriums, Seuchen Cordon I, Berlin 2003, S. 339ff.

Verfahrens einfärbt, legt schließlich dessen Erscheinung in der endgültigen, nunmehr selbst zum Präparat geronnenen, Mikrofotografie durch den Ausschnitt fest und versucht, das mikroskopische Bild durch Ausrichtung und Beschreibung ‚lesbar' zu machen. Daraus folgt, dass der Erkenntnisgewinn Kochs auf seiner aktiven Einflussnahme auf den Vorgang der Visualisierung basiert. Nur auf diese Weise konnten produktive Schlüsse aus dem zu Sehenden gezogen werden.
Ende Oktober 2001 werden in Neumünster und Thüringen verdächtige Pakete und Briefe aufgefunden und mit dem Verdacht auf Milzbrand in das Robert Koch Institut in Berlin überführt. In der Presseerklärung des RKI heißt es am 3.11.2001: „Mit einem molekularbiologischen Verfahren (Polymerasekettenreaktion) [...] konnten keine Milzbranderreger nachgewiesen werden. Diese moderne Methode ist außerordentlich zuverlässig und sensitiv."[42] Koch hatte das fotografische Bild als objektives Beweisstück seiner Forschung mobilisiert. Die fotografische Aufnahme ist jedoch auch ein Jahrhundert später lediglich die positive Präsenz einer gelegten Spur, nicht jedoch ein Beweis für das Phänomen selbst.

42 Keine Milzbrandsporen in Deutschland nachgewiesen, Pressemitteilung des Robert Koch Instituts vom 3.11.2001. Zu den Anthrax-Briefen in den USA siehe Philipp Sarasin: »Anthrax«. Bioterror als Phantasma, Frankfurt a. M. 2004, S. 21–47.

Susanne Deicher

Mikroskopische Bilder der Nervensysteme in Sigmund Freuds Publikationen der 70er und 80er Jahre

Sigmund Freuds frühe Schriften über das Nervensystem waren das Ergebnis langjähriger Arbeit im Laboratorium.[1] Herstellung und Beschreibung von mikroskopischen Präparaten galten dem Versuch, die Konstruktion *neuronaler Apparate* besser zu verstehen. Für die bedeutendste seiner frühen Publikationen hielt Freud lange Zeit eine Arbeit aus dem Jahre 1884, in der er eine neue Färbemethode für die Anwendung an Dünnschichtpräparaten des Nervengewebes für die Mikroskopie vorstellte.

„Das Verfahren der Goldimprägnation [...] ermöglicht die Herstellung gleichmässig gefärbter grosser Schnittreihen. Bei ihrer Anwendung erscheinen alle groben und feinen markhaltigen Fasern in ausgezeichneter Schärfe dunkel auf lichterem Grunde, sodass bei schwacher Vergrösserung ungemein deutliche Faserungsbilder gewonnen werden und bei starker Vergrösserung die einzelnen Nervenfasern verfolgt und selbst gezählt werden können. Die Nuance der Färbung scheint von der Beschaffenheit des Präparates abhängig zu sein und variiert von schwarzer Färbung der Fasern auf dunkelrotem bis zu blauer Färbung derselben auf ganz lichtem Grunde. Am häufigsten erhält man bei Befolgung der oben gegebenen Vorschriften dunkelrotbraune Fasern auf lichtrotem Grunde. [...] Aus der Betrachtung des Bildes selbst kann man [...] Anzeichen für die Zusammengehörigkeit der Fasermassen entnehmen. Zunächst färben sich die Fasern, welche markhaltig sind, dunkler als die anderen."[2]

Als „überaus lehrreich" charakterisierte Freud diese Bilder (Abb. 1) – ihre „Betrachtung" sollte Aufschluss geben über die damals noch weitgehend unbekannten Prozesse, die im Nervensystem bei der Koordination von Bewegungen oder Denkprozessen ablaufen. Der genaue textliche Nachvollzug von Formen und Farben dieser Bilder kann an die Beschreibung eines Gemäldes erinnern. Das ist keineswegs eine oberflächliche Nähe – bereits seit der Entdeckung der Mikroskopie im 17. Jahrhundert waren künstlerische und wissenschaftliche

1 Vgl. Rudolf Brun: Sigmund Freuds Leistungen auf dem Gebiet der organischen Neurologie. In: Schweizer Archiv für Neurologie und Psychiatrie 37, 1936, S. 200–207; ferner Frank J. Sulloway: Freud, Biologist of the Mind. Beyond the Psychoanalytic Legend, New York 1979; Ingrid Kästner, Christina Schröder (Hg.): Sigmund Freud (1856–1939). Hirnforscher. Neurologe. Psychotherapeut, Leipzig 1990.

2 Sigmund Freud: Eine neue Methode zum Studium des Faserverlaufs im Centralnervensystem. In: Centralblatt für die medicinischen Wissenschaften XXII, 1884, S. 161-165. Neu gedruckt bei Kästner, Schröder (s. Anm. 1), S. 87–89, 88.

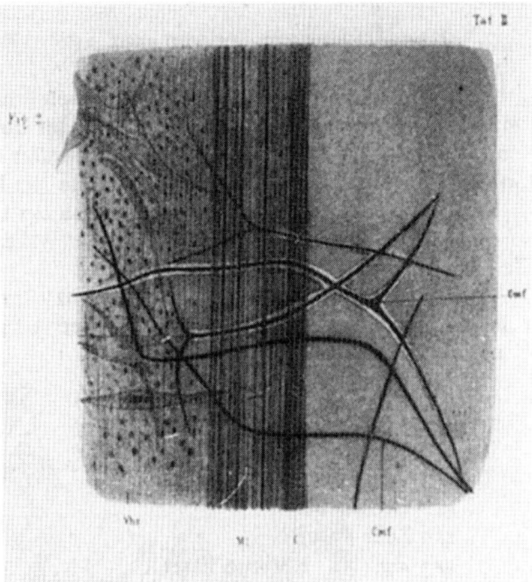

Abb. 1: Spinalganglion. Goldpräparat. Tafel II (Detail).

Bildbeschreibung als Teil eines „parallel search of knowledge“[3] begriffen worden. Von der ästhetischen Erfahrung der klassischen Malerei wurde Einsicht in die Bedeutung der sichtbaren Phänomene erwartet, Einblick zugleich in eine in der Theorie vorausgesetzte ontologische Koppelung der Fähigkeiten des menschlichen Auges an die materiale Organisation der Welt – ähnlich erhoffte noch Freud Erkenntnis von der Anschauung des farbigen mikroskopischen Bildes.

Freud untersuchte Nervengewebe und Schnitte des Gehirns zahlreicher Spezies, u.a. von Menschen, Fröschen, Aalen, Neunaugen und Krebsen. Die breite Streuung seines Interesses dürfte kaum, wie es ein Teil der Freudliteratur vermutet hat, als Suchbewegung des sich entwickelnden Genies aufzufassen sein,[4] sondern zielte auf die Isolierung spezifischer Eigenschaften, welche das Nervengewebe von anderen Gewebetypen unterscheiden mochten. Es gelang Freud zunächst, anhand der Formen der Organe hypothetische Entwicklungsreihen zu bilden, die die Organentwicklung des Nervensystems an die Entwicklungsgeschichte der Arten banden. Beim Neunauge fand er etwa „eine Reihe von Übergangsformen“, auch mehrere unterschiedliche Zellformen in anscheinend gleicher Funktion. Er konnte zeigen, dass eine Übereinstimmung im „feineren Bau eines einfachen Gewebes, dessen Elemente bei Wirbelthieren und Wirbellosen offenbar identische Formverhältnisse zeigen“[5] besteht. Das war allerdings nicht neu: Helmholtz (1842), Remak (1843) und Haeckel (1856) hatten das Phänomen beschrieben: „Wir [...] können [...] nicht anders als Remaks Beobachtungen bestätigen.“[6]

Die um 1850 arbeitenden Wissenschaftler hatten meist mit fixierten Präparaten gearbeitet – Freud experimentierte mit Schnitten des gefärbten, aber noch unfixierten lebensfrischen Gewebes, denn er hoffte, Einsicht in die Funktion der

3 Robert D. Huerta: Giants of Delft. Johannes Vermeer and the natural philosophers: the parallel search for knowledge during the age of discovery, Lewisburg/London 2003; ähnlich bereits Svetlana Alpers: Kunst als Beschreibung: holländische Malerei des 17. Jahrhunderts, Köln 1985.

4 Vgl. Christfried Tögel: „...und gedenke die Wissenschaft auszubeuten“: Sigmund Freuds Weg zur Psychoanalyse, Tübingen 1994, Kap. „Enttäuschte Hoffnungen. Aale, Hirne, Kokain“, S. 39f.

5 Sigmund Freud: Die Structur der Elemente des Nervensystems (Nach einem im psychiatrischen Vereine gehaltenen Vortrag). In: Jahrbücher für Psychiatrie 5, 1884, S. 221–229. Neu gedruckt bei Kästner, Schröder (s. Anm. 1), S. 91–107, 92.

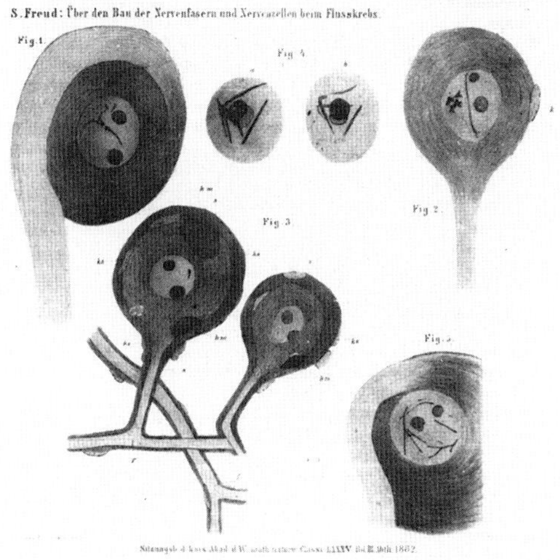

Abb. 2: Bau der Nervenfasern und Nervenzellen beim Flusskrebs.

Organe der Nervenzellen zu gewinnen. Er zeichnete und beschrieb etwa ein frisches Präparat vom Flusskrebs (Abb. 2): „In den Zellen aber, welche wir als überlebende aufgefasst haben, erscheint der Kern entweder ganz verschwommen oder nur von einer feinen Linie begrenzt, er ist homogen, glänzend, und zeigt in seinem Inhalte ausser den beiden grossen Kernkörperchen zahlreiche geformte Gebilde, welche Lage- und Gestaltsveränderungen vollführen. Diese Inhaltsgebilde sind entweder kurze dicke Stäbchen, oder lange, abgebogene Fäden, oder winkelig geknickte, gegabelte, rosettenartig zusammengesetzte, oft sehr zierliche Bildungen. Fasst man einen Kern mit solchen Inhaltskörpern ins Auge, so sieht man, wie die einzelnen Stäbchen und Stücke derselben sich voneinander entfernen und sich einander nähern, wie bald hier bald dort ein früher tiefliegendes Glied einer solchen Figur an die Oberfläche kommt, oder wie complicirte Figuren zerbrechen und einzelne der Bruchstücke an eine andere Stelle im Kern gelangen. Diese Bewegungen geschehen etwa mit der Schnelligkeit der amöboiden Bewegung an weissen Blutkörperchen, also im Allgemeinen mit einer ziemlich wechselnden Schnelligkeit, welche jedoch innerhalb der für die Protoplasmabewegung beobachteten Grenzen bleibt.“[7]

Die Fülle der visuellen Phänomene wird von Freud in inspirierter Prosa geschildert. In den schwer lesbaren, über weite Strecken in zögerlichem Duktus geschriebenen Publikationen der 70er und 80er Jahre bieten schöne Stellen wie diese, an denen sich der Untersuchende vom Reiz seines Gegenstandes überwältigen lässt, überraschende Evokationen des Lebendigen im Text. Das sich bewegende Bild der Nervenfunktionen besitzt die Dimension eines ästhetischen Erlebnisses – darauf scheint der Schreibende durchaus zu insistieren. Entsprechend einer traditionsreichen Weise der Selbstdarstellung der durch das Gerät Schauenden, welche die naturwissenschaftliche Mikroskopie seit ihrer Entdeckung begleitet hatte, setzt Freud sich als ein aktiver Zeuge der Wahrheit[8] in

6 Freud: Die Structur (s. Anm. 5), S. 95.

7 Freud: Die Structur (s. Anm. 5), S. 100.

8 Vgl. Antoni van Leeuwenhoek: Ondervindingen en beschouwingen der onsigbar geschapene waarheden [...], Leiden 1684.

Szene, dem die Arcana[9] der Natur nicht nur durch den technischen Apparat vor Augen geführt werden, sondern der den Befund auch zu *demonstrieren* und schöpferisch auszudeuten vermag. Bereits durch seine sprachliche Umsetzung entstehen Interpretationen, Auffassungen des Gesehenen.
„Streifen entsprechen nicht etwa um einander gelegten Schalen, sondern setzen sich aus kurzen Stücken optisch dichterer Substanz zusammen, welche durch hellere Zwischenräume getrennt sind und nach kurzem Verlauf mit anderen dunkleren Bogenstücken zusammenfliessen. Ich kann die Beschreibung nicht gut von der Auffassung des Bildes trennen und will gleich sagen, dass ich diese Struktur auffasse als ein Balkennetz protoplasmischer Substanz, welches von einer homogenen Zwischensubstanz ausgefüllt ist."[10]
Doch weder die präzise Beschreibung noch die Interpretation führen zum funktionellen Verstehen der sichtbaren Formen. „Die Nervenfasern des Flusskrebses präsentiren sich unter Mikroskop als [...] wasserhelle Röhren", deren Struktur bis in ihr Innerstes hinein durchsichtig ist – die Sprache der Beschreibung Freuds scheint an dieser Stelle zwar dem aus der Beschreibungssprache der Mikroskopie vertrauten Topos des ‚klaren' Blicks[11] zu folgen, dennoch bleibt undeutlich, was im Gewebe geschieht. Es ist lediglich „die Annahme" möglich, „dass die Fibrillen der Nervenfasern die Bedeutung von isolirten Leitungsbahnen haben", „dass die im Nerven getrennten Bahnen in der Nervenzelle zusammenfliessen". Freud schränkt ein: „auch weiss ich, dass das vorhandene Material nicht zur Entscheidung dieser physiologisch bedeutungsvollen Frage ausreicht."[12] Vor allem aber „muss uns auffallen, dass nichts davon eine Eigenthümlichkeit der Nervenzelle bedeutet. Derselbe Bau des Zelleibes ist durch zahlreiche Untersuchungen zahlreicher Autoren bei Drüsen-, Epithelial-, Geschlechtszellen nachgewiesen worden. Es scheint dies die allgemeine Structur des lebenden Protoplasmas zu sein. [...] Nachdem wir also eine complicirte Structur der Nervenzellen beschrieben haben, sind wir auf einem Umweg dazu gelangt, denselben jede characteristische Structur abzusprechen."[13]

9 Vgl. Antoni van Leeuwenhoek: Arcana naturae detecta, Delft 1695–97 (2 Bde.); Ders.: Arcana naturae, ope et beneficio exquisitissimorum microscopiorum: detecta, variisque experimenta demonstrata, Leiden 1698.

10 Freud: Die Structur (s. Anm. 5), S. 97.

11 Vgl. Alma Smith Payne: The cleere observer: a biography of Antoni van Leeuwenhoek, London 1970.

12 Freud: Die Structur (s. Anm. 5), S. 106.

13 Freud: Die Structur (s. Anm. 5), S. 101.

14 Peter Gay: Freud. Eine Biographie für unsere Zeit. Frankfurt 1989, S. 48.

Freuds Texte protokollieren in zirkulären Strukturen verlaufende Erkenntniswege, sie konstatieren bisweilen die Fruchtlosigkeit einer beschreibenden und deutenden Anstrengung. Die Forschung hat das nicht gesehen – Peter Gay hat sogar nachdrücklich auf das Verdienst dieser Arbeiten hingewiesen, „sie beweisen evolutionäre Prozesse, die sich in den Nervenstrukturen der Fische zeigten."[14] Ernest Jones zufolge hätte Freud mit ihnen sogar „Weltruhm erlangen können, wenn er seine Phantasie freier und kühner gebraucht und es nicht vorzeitig unterlassen hätte, die Folgerungen aus seiner Arbeit zu ihrem logischen Schluß zu führen"[15]. Von der Anschauung des „feineren Baus" des Nervengewebes wurde aber offenbar mehr erhofft, als nur die Einsicht in evolutionsbiologische Deszendenz oder in strukturelle Parallelen. Die Untersuchungen leitete vielmehr die zunächst anscheinend wohlbegründete Hoffnung, neue Kenntnisse vom „Bau des Zelleibes", von der Gestalt der Züge des Nervengewebes oder von den formalen Differenzierungen in den zentralen Organen des Nervensystems würden Einsichten in das Seelenleben eröffnen.

Die deskriptive Anatomie hat in ihrer methodischen Geschichte häufig die Morphologie und die funktionelle Analyse miteinander verbinden können – die Beschreibung der Organe konnte Rückschlüsse auf funktionelle Zusammenhänge ermöglichen, so führte etwa die Beschreibung der Ursprünge und Ansätze der Muskeln und Sehnen zur Einsicht in die Mechanismen der Bewegung der Glieder. Das Mikroskop zeigte dem unbewaffneten Auge verborgene[16] Funktionsweisen des Lebendigen. Das kulturelle Paradigma, das Malerei und Mikroskopie miteinander verbunden hatte, beruhte unter anderem auf der Annahme, auch die geistige Dimension müsse infolge des Fortschritts der Wissenschaft zuletzt der Anschauung zugänglich werden. Die Analyse der seelischen Funktionen werde, so hatte es bereits die barocke Medizin angenommen, Teil einer „besonderen Pathologie"[17] werden. Bedeutende Zeitgenossen Freuds verstanden

15 Zit. nach Gay (s. Anm. 14), S. 48. Gay zitiert aus dem ersten Band von Ernest Jones' großer Freudbiografie, The Life and Work of Sigmund Freud.

16 Vgl. Antoni van Leeuwenhoek: Send-brieven over verscheyde verborgentheden der nature; namentlyk over het wonderlyk gestel van de veselen der spieren in velderley gedierte, Delft 1718.

17 Vgl. Johann Gottlob Krüger: Naturlehre. Th. 3 welche die besondere Pathologie enthält. Halle 1755; Ders.: Verschiedene Wahrnehmungen, welche zur Erläuterung der Seelenlehre dienen/oder Johann Gottlob Krügers Versuch einer Experimental-Seelenlehre. Halle 1756. Das einflussreiche Werk erschien auch als: Proeve eener verhandeling over de ziel en des zelfs vermogen, uit ondervindingen opgemaakt, Leiden 1761, im Titel wurde der Terminus „ondervinding" aufgenommen, welcher im 17. Jahrhundert (vgl. Anm. 11) die wissenschaftliche Entdeckung und die künstlerische Erfindung zugleich hatte bezeichnen können.

so selbstverständlich auch die Erkenntnisziele der Neuroanatomie. Theodor Meynert, einer der Lehrer Freuds, der von ihm als wissenschaftliches Leitbild verehrt wurde, bis es 1886 zu einem Bruch kam, dessen Bedeutung in der Forschung unterschiedlich bewertet wird[18], veröffentlichte 1884 ein Werk mit dem Titel *Psychiatrie*, das die Summe seiner Forschungen seit 1877 enthielt. Wie Meynert mitteilte, habe er nach langen Jahren des anatomischen und pathologischen Studiums zumeist des ganzen, aufgeschnittenen Organs, aber auch seiner mikroskopisch erfassten Teile (Abb. 3), welche zeichnerisch aufgenommen wurden, in seinem Text „den Gehirnbau geschildert", um die „Folgen seines Baues" für das „Spiel" der psychischen Mechanismen verstehen zu lehren und auch die Erkrankungen des Geistes an Tatsachen der Pathologie zurückbinden zu können.[19]
Freud hat im Rückblick den erkenntnisleitenden Gedanken Meynerts, der doch in den 1870er und 1880er Jahren auch seine eigenen Arbeiten inspiriert zu haben scheint, das Nervensystem und seine Organe seien sichtbarer *Spiegel* der Funktionen des Lebendigen, kritisiert.[20] Eine Enttäuschung, die das Scheitern der Suche nach visueller Evidenz auslöste, ist, wie ich meine, in Freuds Schriften noch lange aufzufinden. In *Das Unbewußte* (1913) schreibt Freud:
„Es ist ein unerschütterliches Resultat der Forschung, daß die seelische Tätigkeit an die Funktion des Gehirns gebunden ist wie an kein anderes Organ. [...] Aber alle Versuche, von da aus eine Lokalisation der seelischen Vorgänge zu erraten, alle Bemühungen, die Vorstellungen in Nervenzellen aufgespeichert zu denken und die Erregungen auf Nervenfasern wandern zu lassen, sind gründlich gescheitert. [...] Es klafft hier eine Lücke, deren Ausfüllung derzeit nicht möglich ist [...] auch nicht zu den Aufgaben der Psychologie gehört. Unsere psychische Topik hat *vorläufig* nichts mit der Anatomie zu tun."[21]
Das Postulat von der Existenz eines ‚Unbewussten' könnte den Versuch darstellen, die besondere Arbeitsweise der Nerven im zentralen Nervensystem durch einen Begriff zu bezeichnen, der in der Art einer Blackbox fungiert. Die Entdeckung des ‚Unbewussten', oft als Fortschritt der Wissenschaft gefeiert, wäre, so gesehen,

18 Vgl. Sulloway (s. Anm. 1), S. 35f.

19 Theodor Meynert: Psychiatrie. Klinik der Erkrankungen des Vorderhirns begründet auf dessen Bau und Ernährung, Wien 1884, S. IIIf.

20 Vgl. Sigmund Freud: Zur Auffassung der Aphasien. Eine kritische Studie, Leipzig und Wien 1891.

21 Sigmund Freud: Das Unbewußte (1913). In: Ders.: Gesammelte Werke. Unter Mitwirkung von Marie Bonaparte hrsg. v. Anna Freud, E. Bibring, W. Hoffer, E. Kris, O. Isakower. Frankfurt 1999 [zuerst London 1941], Bd. X, Werke aus den Jahren 1913–1917, S. 264–303, 273.

eher als ein notwendiger Schritt zurück zu verstehen: Was unverstanden geblieben war, wurde als solches gekennzeichnet und von weiteren Versuchen der Deutung vorläufig ausgenommen. An die Stelle der physiologischen Forschungsrichtung setzte Freud die theoretische Psychologie, die mit nicht lokalisierungsfähigen, hypothetischen Entitäten arbeitete.

Das Postulat des ‚Unbewussten' als eines per definitionem der Anschauung entzogenen Quellpunkts der körperlichen Erscheinungen und der Krankheiten der Psyche dürfte nicht zuletzt als Reaktion darauf zu begreifen sein, dass ein Versuch, wissenschaftliche Erkenntnis auf verschiedene Weisen der Analysen des Sichtbaren zu fundieren – auf die Morphologie, die Lokalisation und die deutende Beschreibung – in einem frühen Stadium der Karriere Freuds gescheitert war. Man darf nicht vergessen, dass zumindest der junge Freud seine Arbeit im Rahmen eines kulturellen Paradigmas verstand, das die Anschauung der Natur und die des Schaffens von Bildern einer einzigen Praxis der wissenschaftlichen und zugleich schöpferischen Deutung der Welt zugeordnet hatte. Freuds neurologische Arbeiten enthalten Bilder, die in einem Denkrahmen, der die Erkenntnis des Geistigen im Anschaulichen vorsieht, als letztlich nicht relevant erscheinen müssen – sie werden mit dem wichtigsten Erkenntnisziel nicht verknüpft werden können. Das nötigte den Wissenschaftler Freud zur Abwendung von der Analyse mikroskopischer Bilder und zur Setzung des ‚Unbewussten' als unsichtbarem Ursprungs- und Zielpunkt der psychoanalytischen Methode, die, wie man weiß, ihrerseits beanspruchen wird, die Bilder der Träume und auch die der Kunst neu deuten zu können. Dass Freud sich Zeit seines Lebens immer wieder mit Werken der bildenden Kunst befassen wird, dass er Aufsätze Bildwerken der antiken und mittelalterlichen Kunst, Gemälden Leonardos oder Skulpturen Michelangelos widmen wird, das könnte – um es in Freuds eigenen

Fig. 25.

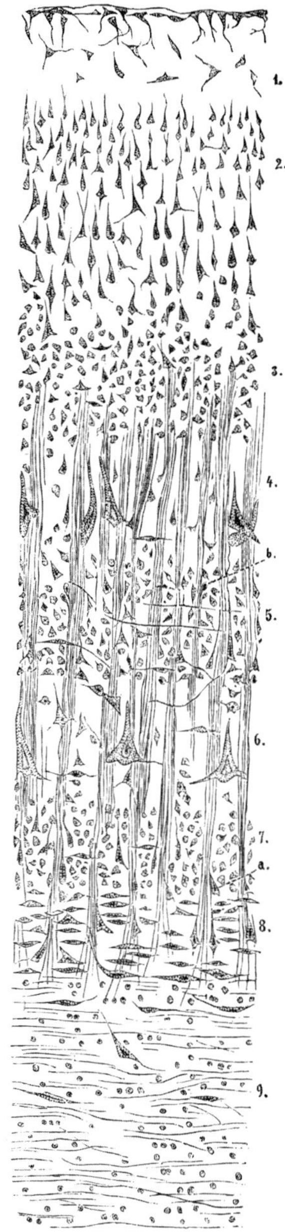

Durchsichtiger Abschnitt aus der Rinde des *Sulcus calcarinus*.
1. Neurogliaschicht. *2.* Pyramidenschicht. *3.* Aeussere Körnerschicht. *4.* Aeussere kahle Zwischenkörnerschicht mit Solitärzellen. *5.* Mittlere Körnerschicht. *6.* Innere kahle Zwischenkörnerschicht mit Solitärzellen. 7. Innere Körnerschicht. *8.* Spindelzellenschicht. *9.* Windungsmark.

Abb. 3: Durchsichtiger Abschnitt aus der Rinde des *Sulcus Calcarius*.

Termini zu sagen – Ausdruck der Wiederholung eines Traumas sein, einer Rückkehr zu den frühen Erfahrungen des Scheiterns und Ausdruck seines nie wirklich nachlassenden Versuchs, durch eine Bildbeschreibung[22] und durch die Deutung der visuellen Erfahrung zur Einsicht in den Funktionszusammenhang des Lebendigen zu gelangen.

22 Zur Rolle der Bildbeschreibung in Sigmund Freuds Arbeit „Der Moses des Michelangelo" (1914) vgl. Franz-Joachim Verspohl: Der Moses des Michelangelo, Städel-Jahrbuch, N. F. 13, 1991, 155–176. Franz-Joachim Verspohl: Michelangelo Buonarroti und Papst Julius II. Moses – Heerführer, Gesetzgeber, Musenlenker, Göttingen/Bern 2004. Ilse Grubrich-Simitis: Michelangelos Moses und Freuds „Wagstück". Eine Collage, Frankfurt am Main 2004. Susanne Deicher: Sigmund Freud und die Kunst des Sehens. In: Dieter Mersch (Hg.): Kunst und Wissenschaft. Forumstagung der Muthesius-Hochschule, Kiel 2004 (im Druck).

Christian Sichau

Wissenschaftliche Instrumente und das Bild der Wissenschaft*

„Die Akademie darf nicht zu einer Vereinigung von Künstlern, Fabrikanten und Handwerkern werden!" Mit diesen Worten verteidigte der Maschinendirektor beim kurfürstlichen Münz- und Bergmeisteramt, Joseph von Baader (1763–1835), den herausgehobenen Status der ehrwürdigen Bayerischen Akademie der Wissenschaften. Er war besorgt, dass jemand wie Joseph Fraunhofer, der „nicht studiert, nicht einmal die Gymnasialschule durchgemacht" hat, Mitglied der Akademie werden sollte.[1] Baader war in seinen Bemühungen erfolgreich – Fraunhofer wurde *kein* ‚ordentliches Mitglied' der Bayerischen Akademie der Wissenschaften.

Doch heute kann Fraunhofer zu den meistbekannten Wissenschaftlern gerechnet werden. Im Deutschen Museum findet sich nicht nur ein Porträt Fraunhofers im Ehrensaal, auch viele Instrumente, die seine Signatur tragen, sind an prominenter Stelle ausgestellt. Dies zeigt die enormen Veränderungen in der Wahrnehmung der Person Fraunhofer, die einhergingen mit Verschiebungen der spezifischen Vorstellungen darüber, was Wissenschaft und deren Geschichte sei. Die im Museum ausgestellten Instrumente dienen daher nicht nur zur Vermittlung vermeintlich ahistorischer naturwissenschaftlicher Inhalte, sondern helfen, ein bevorzugtes Wissenschaftsideal und eine bevorzugte Sicht auf die Geschichte der Wissenschaft zu illustrieren und zu konstruieren. Infolge einer veränderten Perspektive auf die Wissenschaft und ihre Geschichte ist eine Reflexion über diesen Umgang mit wissenschaftlichen Instrumenten und Apparaten innerhalb von Museen erforderlich. Diese kann dabei durch die neuere Instrumentengeschichte und Historiographie des Experiments enorm bereichert werden. Denn sie hat gezeigt, wie ein eingehendes Studium der materiellen Hinterlassenschaft uns auch einen *neuen Blick* auf die Person des Wissenschaftlers und auf die Entwicklung der Wissenschaft eröffnet. Doch unübersehbar bleiben bisher noch die Spannungen zwischen aktueller wissenschaftshistorischer Forschungspraxis und der Situation in naturwissenschaftlich / technischen Museen.

* Die folgenden Ausführungen beruhen auf einem ausführlicheren Vortrag vom 12. Januar 2004, anlässlich der Ausstellung des Deutschen Museums im Foyer der Humboldt-Universität in Berlin, bei der u.a. ein von Fraunhofer hergestelltes Heliometer (Inv.Nr. 70.440) zu sehen war.

1 Zitiert nach Hans-Peter Sang: Joseph von Fraunhofer. Forscher. Erfinder. Unternehmer, München 1987, S. 96f. Für eine Analyse dieses Konfliktes siehe u.a.: Myles W. Jackson: Spectrum of Belief. Joseph von Fraunhofer and the Craft of Precision Optics, Cambridge (Mass.)/London 2000. Auch bei der folgenden Darstellung zur ökonomischen Seite der Instrumentenherstellung beziehe ich mich weitgehend auf das Werk von Jackson.

Unwissenschaftliches Wissen: Die Konstruktion wissenschaftlicher Instrumente

Im Jahr 1826 erwarb die Hamburger Sternwarte ein so genanntes Heliometer des Unternehmens Utzschneider & Fraunhofer für immerhin 100 Louis d'Or (Tafel 3). Mit diesem astronomischen Instrument konnten kleine Winkelabstände in einfacher Weise gemessen werden, denn die in zwei Hälften geteilte Objektivlinse lässt sich mit Mikrometerschrauben gegeneinander verschieben. Bei einer Messung des Durchmessers der Sonne (daher der Name) etwa werden die beiden Linsenhälften so lange verschoben, bis im Auge des Beobachters ein Rand der Sonne mit dem gegenüberliegenden zusammenfällt. Dieses Heliometer der Hamburger Sternwarte wurde später auch bei Expeditionen zur Beobachtung des Venusdurchgangs vor der Sonne 1874 und 1882 eingesetzt. Auf die Herstellung solcher Heliometer und anderer astronomischer Instrumente hatten Utzschneider & Fraunhofer zu Beginn des 19. Jahrhunderts mit Preislisten in verschiedenen Zeitschriften hingewiesen, z.B. in der *Monatlichen Correspondenz zur Beförderung der Erd- und Himmelskunde,* den *Annalen der Physik und Chemie, oder* dem *Kunst- und Gewerbeblatt*[2] (Abb. 1). Diese neue Verbreitungsstrategie wissenschaftlicher Instrumente war einerseits aufgrund der großen Produktpalette von Utzschneider & Fraunhofer sowie andererseits wegen der wachsenden praktischen Aufgaben einer wichtigen Zielgruppe, die der Astronomen, notwendig geworden. Mit den annoncierten hochwertigen astronomischen Instrumenten demonstrierten Utzschneider und Fraunhofer die hervorragende Qualität ihrer Produkte. Diese sollte auf billigere und in größerer Stückzahl hergestellte Vermessungsinstrumente ausstrahlen. Die Produktion dieser technischen Instrumente bildete die geschäftliche Basis des Unternehmens, dessen Gründung durch Georg Reichenbach und Joseph Liebherr genau aus diesem Grund von der Bayerischen Akademie der Wissenschaften und von dem von französischen Militäringenieuren geleiteten Bureau Topographique finanziell gefördert worden war. Hatte Reichenbach noch 1796 in München „keine einzige Anstalt zur Verfertigung mathematischer, viel weniger astronomischer Instrumente" vorgefunden, war es gelungen, dies in wenigen Jahren grundlegend zu verändern.[3]

2 Auf die Details der Geschichte dieses Unternehmen – und seines Namens – werde ich im folgenden nicht eingehen.

3 Zitiert nach Walther von Dyck: Georg von Reichenbach, München 1912, S. 13f.

4 Die politische Situation prägte die Entwicklung dieser Werkstätte noch in anderer Weise. Als die bis dahin aus England importierten, hochwertigen optischen Gläser aufgrund der nach der 1806 verhängten Kontinentalsperre zur Mangelware wurden, initiierte Utzschneider eine eigene Glasherstellung in dem säkularisierten Kloster Benediktbeuern. Sie stand zunächst unter Leitung von Pierre Louis Guinand, später von Fraunhofer.

Denn es war die französische Besatzungsmacht, die 1800 eine neue Kartierung des Landes gefordert hatte. Die neue Regierung Bayerns hatte sich dem angeschlossen und ferner das Ziel gesetzt, Bayern zu einem ebenso modernen Staat zu machen, wie es Frankreich nach der Revolution war. Für diese Formierung des Staates Bayern war es unerlässlich, die neue Nation als geografische Einheit zu fassen, in Form einer auf ‚modernen', ‚wissenschaftlichen' Mess- und Darstellungsmethoden beruhenden Karte. Zudem sollte so eine Neu-Ordnung der Steuern auf Grund und Boden durchgesetzt werden. Das Mathematisch-mechanische Institut stellte nun die für die umfangreichen Vermessungsarbeiten notwendigen Instrumente her und diente als Reparaturwerkstätte.[4]

Der kommerzielle Erfolg und die in den Instrumenten demonstrierte Kunstfertigkeit, die vielfältigen mechanischen und optischen Kenntnisse seiner Hersteller genügten jedoch nicht, um Fraunhofer eine ordentliche Mitgliedschaft in der Bayerischen Akademie der Wissenschaften zu ermöglichen. Diese Auseinandersetzung um die Person Fraunhofer bleibt in vielen Darstellungen zu dessen Leben unbeachtet; als Beleg für seine Anerkennung als Wissenschaftler wird lediglich dessen Mitgliedschaft in der Akademie erwähnt – ohne zu präzisieren, dass dies seit 1817 zunächst nur eine Anerkennung als korrespondierendes und später als außerordentliches Mitglied war. Oder aber man verwendet diese Episode als weiteren Beleg für die ‚kleinkarierten' Widerstände, die das ‚Genie' Fraunhofer in seinem Leben überwinden musste. Solche, die eigentliche historische Situation ignorierenden Darstellungen haben in erheblichem Maße unser heutiges Bild der Naturwissenschaften

Verzeichnifs

der optischen Instrumente
welche in dem optischen Institute
UTZSCHNEIDER et FRAUNHOFER
ehemals in Benedictbeurn, jetzt in München
für nachstehende Preise verfertigt werden.

Alle in diesem Preis-Courant angesetzte Dimensionen sind im zwölftheiligen Pariser Mafse zu verstehen.

		Gulden und Kreuzer im 24 fl. Fufse fl.	kr.
1.	HELIOMETER mit messingener Säule und drey Füssen, parallactisch montirt, mit zwey Libellen, Stunden- und Declinations-Kreis von 4,6 Zollen im Durchmesser, beyde mit silbernem Limbus, durch die Verniers von Minute zu Minute getheilt. Das Fernrohr hat ein achromatisches Objectiv von 42 Zoll Brennweite und 34 Linien Oeffnung, vier astronomische Oculare von 41, 52, 81 und 131 maliger Vergröfserung, und zwey Sonnengläser. Dieser Heliometer ist in allen Stücken sehr wesentlich von allen bisherigen verschieden, er repetirt die damit gemefsenen Durchmefser der Sonne und Planeten, Distanzen, Ascensions- und Declinations-Unterschiede, ist in jeder Lage vollkommen balancirt, und gibt vermittelst der Micrometer-Schraube eine halbe Secunde ohne Repetition an	1850	—
2.	COMETENSUCHER, mit hölzernem Rohre, messingener Säule und drey Füfsen, parallactisch montirt, mit Stunden- und Declinations-Kreis von 3,6 Zollen im Durchmesser, beyde von fünf zu fünf Minuten unmittelbar getheilt. Das Fernrohr hat ein achromatisches Objectiv von 24 Zoll Brennweite. 34 Linien Oeffnung, und zwey astronomische Oculare von 10 und 15 maliger Vergröfserung. Das Feld hat 6 Grade .	490	—
3.	COMETENSUCHER mit hölzernem Rohre, ohne Stativ. Das Fernrohr hat ein achromatisches Objectiv von 24 Zoll Brennweite, 34 Linien Oeffnung, und ein astronomisches Ocular von 10 maliger Vergröfserung. Das Feld hat 6 Grade . .	88	—
4.	GROSSER ACHROMATISCHER REFRACTOR von 9 Fuss 2 Zoll Brennweite, und 6 Zoll 6 Linien Oeffnung, parallactisch montirt, mit eingetheiltem Stunden-Kreis und Declinations-Quadranten. Das Rohr hat einen astronomischen Sucher, alle nöthigen feinen und groben Bewegungen, ist in jeder Lage balancirt, folgt durch eine Uhr mit einem Centrifugal-Bendel der Bewegung der Sterne, und hat 6 astronomische Oculare von 62, 93, 140 210, 320 und 470 maliger Vergröfserung, nebst einem repetirenden Lampen-Micrometer mit drey besondern Ocularen etc. *Aufser diesen neunfüfsigen Refractoren sind noch einige von 14 Fufs Brennweite und 8,5 Pariser Zoll Oeffnung in Arbeit. Bey Bestellungen solcher gröfserer Instrumente wird man sich über den Preis vereinigen.*		
5.	TUBUS mit Pyramidal-Stativ, unmittelbar am Boden stehend, Füfse und Rohr von Mahagony-Holz, zwey gezähnten schiefen Stangen zur sanften Bewegung des Rohrs. Das achromatische Objectiv hat 72 Zoll Brennweite und 52 Linien Oeffnung, zwey irdische Oculare von 82 und 120, fünf astronomische von 64, 96, 144, 216 und 324 maliger Vergröfserung, einen Kreismicrometer, zwey Sonnengläser und achromatischen Sucher	~~1780~~ 1280	—
6.	TUBUS mit Pyramidal-Stativ, unmittelbar am Boden stehend, Füfse und Rohr von Mahagony-Holz, zwey gezähnten schiefen Stangen zur sanften Bewegung des Rohrs. Das achromatische Objectiv hat 60 Zoll Brennweite und 48 Linien Oeffnung, ein irdisches Ocular von 66, fünf astronomische Oculare von 54, 80, 120, 180, und 270 maliger Vergröfserung, einen Kreis-Micrometer, achromatischen Sucher und zwey Sonnengläser	1040	—
7.	TUBUS mit Pyramidal-Stativ, unmittelbar am Boden stehend, Füfse und Rohr von Mahagony-Holz, zwey gezähnten schiefen Stangen zur sanften Bewegung des Rohrs. Das achromatische Objectiv hat 60 Zoll Brennweite und 43 Linien Oeffnung, ein irdisches Ocular von 66, fünf astronomische Oculare von 54, 80, 120, 180 und 270 maliger Vergröfserung, einen Kreis-Micrometer, achromatischen Sucher und zwey Sonnengläser	870	—

Abb. 1: Preisliste des „Optischen Institutes Utzschneider et Fraunhofer" aus dem Jahr 1820.

und ihrer Geschichte geprägt, während doch gerade die so verdeckten Auseinandersetzungen wesentlich für ein Verständnis der historischen Entwicklung sein könnten.

Warum die Herstellung hervorragender Instrumente nicht für die Aufnahme in die Akademie genügte, hatte Joseph Baader in einem Schreiben präzisiert: „Wenn er [Fraunhofer, C.S.] später bey seinen ungewöhnlichen Fortschritten in seinem eigenthümlichen Kunstfache die ihm zur Ausübung desselben als praktischen Opticus unentbehrlichen Elemente der dioptrik sich eigen gemacht hat, so ist er darum noch kein Mathematiker, kein Gelehrter".[5] Die Instrumente genügten in diesem Fall nicht, um für Fraunhofer einen Status als Wissenschaftler zu sichern. Im Gegenteil, sie waren entscheidend für die Abweisung, da sie in der Wahrnehmung Baaders gerade das für eine Aufnahme in die Akademie nicht ausreichende handwerkliche Können darstellten. Die hier angesprochene Differenzierung und Hierarchisierung von Wissensformen ist ein vertrauter Topos der Wissenschaftsgeschichte, die in diesem Falle mit einer Auseinandersetzung um das Verhältnis von Wissenschaft und Technik verknüpft ist. Die in der Wissenschaftsgeschichte noch zu wenig beachtete kommerzielle Seite der Instrumentenherstellung[6] spielte dabei eine wichtige Rolle. So kritisierte Baader etwa die kommerziell notwendige Geheimhaltung der Methoden der Glasherstellung, Aufgabe der Wissenschaft sei doch gerade das Offenlegen von Wissen. Die Rekonstruktion dieses geheim gehaltenen ‚technischen Wissens' Fraunhofers ist vergleichbar mit einem Problem, dass uns in der Wissenschaftsgeschichte seit einigen Jahren beschäftigt: Der Rekonstruktion experimenteller Fähigkeiten und Fertigkeiten von Wissenschaftlern oder Instrumentenbauern, die einerseits entscheidend für den Erfolg waren, andererseits jedoch kaum oder gar nicht in den zur Verfügung stehenden Quellen aufscheinen, weil sie für unwichtig erachtet oder bewusst nicht mitgeteilt wurden.[7]

5 Zitiert nach Hans-Peter Sang: Joseph von Fraunhofer. Forscher. Erfinder. Unternehmer, München 1987, S. 96f.

6 So hat zwar z.B. der Wissenschaftshistoriker M. Norton Wise schon 1995 die Forderung aufgestellt: „We need to know a great deal more about such relationships between commercial and scientific instruments", doch liegen bislang nur wenige Studien vor, die dieser Forderung nachgekommen sind; siehe: M. Norton Wise (Hg.): The Values of Precision, Princeton 1995, S. 355.

7 Die Diskussion um ‚vergessene Helfer' wurde insbesondere ausgelöst durch S. Shapin, The Invisible Technician (the Role of Assistants in the Making of Science). In: Scientific American 77, 6, 1989, S. 554ff. Für Beispiele aus dem 19. Jahrhundert siehe Heinz-Otto Sibum: Reworking the Mechanical Value of Heat: Instruments of Precision and Gestures of Accuracy in Early Victorian Britain. In: Studies in History and Philosophy of Science 26 (1), 1995, S. 73–106. Ferner

Unreines Wissen: Fraunhofer als Experimentator

Hierbei geht es auch um eine Verortung und Bewertung unterschiedlichen Wissens im Prozess der Erkenntnisproduktion. So bestritt zum Beispiel Baader Fraunhofers Autorenschaft für jene berühmten Experimente, die zur Entdeckung schwarzer Linien im Sonnenspektrum geführt hatten. Der eigentliche ‚geistige Urheber' könne nur Joseph von Utzschneider gewesen sein. Das Experiment war somit als wissenschaftlich anerkannt, doch Fraunhofer eben nicht als Wissenschaftler. Im Fall von Fraunhofer weisen wir eine solche Interpretation heute schlicht zurück; zu sehr ist in uns das Bild von Fraunhofer als großartigem Experimentator und Wissenschaftler eingebrannt. Doch so verquer uns möglicherweise Baaders Sichtweise vorkommt, diese Argumentationsweise prägt im Prinzip unser Bild von der Geschichte der Wissenschaften bis heute. Die Beteiligung von experimentellen Helfern oder auch von Instrumentenmachern wird immer noch in vielen wissenschaftshistorischen Studien nur unzureichend gewürdigt. Unser Klischee der wissenschaftlichen Erkenntnisproduktion, verdichtet in vielen Ausstellungen, ist weiterhin von der Vorstellung eines singulären Entdeckungsmomentes und eines individuellen ‚Entdeckers' geprägt. Dies hat im Fall von Fraunhofer heute paradoxerweise die Konsequenz, dass seine Mitarbeiter vielfach unerwähnt bleiben. Dazu gehören etwa Pierre Guinand und Georg Reichenbach, die beide zeitweise ebenfalls im Optischen bzw. Mathematisch-mechanischen Institut beschäftigt waren.[8]

Die Anerkennung der experimentellen Untersuchungen Fraunhofers zum Sonnenspektrum als wissenschaftlich war darüber hinaus durch die der kommerziellen Tätigkeit verhafteten Motive erschwert: die Produktion farbkorrigierter Linsen. Aus der Sicht des Kritikers Baader waren diese nur unzureichend mit einer wissenschaftlichen Fragestellungen verknüpft. Auch waren sie nicht in einem als Ort der Wissensproduktion anerkannten Labor durchgeführt worden, sondern in einer Fabrik des Unternehmens in Benediktbeuern. Nicht zuletzt handelte es sich bei dem für die Versuche zentralen Instrument um ein modifiziertes Vermessungsinstrument, einen Theodoliten, der später sogar zeitweise

Christian Sichau: Text – Relikt – Replikation: Annäherungen an eine Rekonstruktion der Joule-Thomson-Experimente. In: Peter Heering, Falk Rieß, Christian Sichau: Im Labor der Physikgeschichte. Zur Untersuchung historischer Experimentalpraxis, Oldenburg 2000, S. 157–184. Siehe auch Anm. 9.

8 Siehe hierzu: Klaus Hentschel: Das Märchen vom Zauberer im weißen Kittel: Mythen um berühmte Experimente und Experimentatoren. In: Physik in unserer Zeit, 34. Jg, Heft 5, September 2003, S. 225–231.

‚verloren' ging und erst durch die Gründer des Deutschen Museums ‚wiederentdeckt' wurde. Denn, wie Oskar von Miller festhielt, „die Kenntnis von seiner Bedeutung entschwand [...] der Lehranstalt, in der das Instrument aufbewahrt war".[9] Die Vorstellung, die man sich von dem ‚heroischen Experiment' Fraunhofers gemacht hatte, und das konkrete Instrument passten nicht zueinander, erst zu Beginn des 20. Jahrhunderts, im Zuge eines veränderten Blicks auf die Person Fraunhofer erhielt das Instrument wieder eine wichtige Funktion zur Illustration und Begründung einer neuen Repräsentation des Forschers im Deutschen Museum.

Schritte der Aneignung

Dieser Wechsel in der Einordnung und der Darstellung Fraunhofers durch das Deutsche Museum gingen wichtige Positionierungen der Person am Ende des 19. Jahrhunderts voraus. Von besonderer Bedeutung waren die Gedenkfeiern zum 100. Geburtstag von Fraunhofer im Jahr 1887. In Berlin hielt Hermann von Helmholtz die Festansprache. Auch bei ihm finden wir zunächst die altbekannte Abgrenzung zwischen Wissenschaft und Technik wieder: „So kam er [Fraunhofer, C.S.] leider erst nahe vor dem Ende seines kurzen Lebens zu eigentlich wissenschaftlichen Untersuchungen hinüber, d.h. zu Untersuchungen, die keinen unmittelbaren technischen Zweck vor sich hatten, sondern nur nach Vollständigkeit unserer optischen Kenntnisse strebten."[10] Vor dem Hintergrund dieser Bewertung entwickelte Helmholtz dann jedoch ein spezifisches, positiv besetztes Bild Fraunhofers: Er pries die in den Instrumenten verkörperte „Kunst der praktischen Mechanik" als herausragendes Beispiel „bürgerlicher Arbeit", denn hier würden sich deren „höchste Tugenden" zeigen: Das „Streben nach der höchsten Genauigkeit, Sauberkeit und Zuverlässigkeit". Was Baader und andere Mitglieder der Bayerischen Akademie der Wissenschaften 1820 noch abstoßend fanden, machte Helmholtz zum Kern seiner Würdigung: „Fraunhofer ist ganz auf dem Boden des Handwerks und zwar aus den kümmerlichsten Verhältnissen emporgewachsen". So blieb also zwar bei Helmholtz eine klare Grenze zwischen Wissenschaft und Technik beziehungsweise handwerklichem Wissen, doch er signalisierte immerhin die Notwendigkeit einer Kommunikation über diese

9 Zitiert nach: Franz Fuchs: Der Aufbau der Physik im Deutschen Museum 1905–1933. In: Deutsches Museum – Abhandlungen und Berichte, Jg. 25, 1957, Heft 3, S. 21.

10 Hermann Helmholtz: Festbericht über die Gedenkfeier zur hundertjährigen Wiederkehr des Geburtstages Josef Fraunhofer's. In: Zeitschrift für Instrumentenkunde, 7, 1887, S. 113–128.

Grenze hinweg. Mit dieser Positionierung wollte er im Vorfeld der entscheidenden Abstimmung im Deutschen Reichstag zur Gründung der Physikalisch-Technischen Reichsanstalt (PTR), diese als eine Fortführung des Fraunhofer'schen Optischen Instituts präsentieren; Helmholtz bezog damit in der noch umstrittenen Frage der Einbeziehung von Instrumentenmachern in der PTR deutlich Stellung. Solche von konkreten Interessen der Protagonisten durchsetzten Konstruktionen bzw. Aneignungen finden sich in zahlreichen weiteren Beiträgen zu den Gedenkfeiern in München, Frankfurt und Jena. Darüber hinaus zeigen sich verbindende Elemente, wie zum Beispiel Versuche, eine ‚Einheit' der Wissenschaft, sei es in Bezug zur Nation oder in Bezug zur Fachdisziplin, zu schaffen oder zu stärken.

Eine Fortsetzung und Stabilisierung entlang dieser vorgezeichneten Linien findet sich in der Arbeit des Deutschen Museums, das angetreten war mit dem Anspruch, den gesellschaftlichen Status nicht nur der Naturwissenschaftler, sondern gerade auch der Ingenieure und Techniker zu verbessern. Allerdings ist hier eine Verschiebung in Bezug zum Verhältnis von Wissenschaft und Technik vorzufinden. So stellte zum Beispiel J. Zenneck in einer Rede anlässlich des 100. Todestages von Fraunhofer dessen ‚wissenschaftliche Entdeckungen' als „ein überzeugendes Beispiel für die Befruchtung nicht nur der Technik durch die Wissenschaft, sondern auch der Wissenschaft durch die Technik" dar. Und jene, die „nicht viel von der wissenschaftlichen Arbeit in der Technik halten, die in der technischen Anwendung der Wissenschaft überhaupt schon beinahe eine Befleckung derselben sehen", wies Zenneck darauf hin, „daß die wissenschaftlichen Entdeckungen Fraunhofers nicht in einem Laboratorium einer Universität oder Technischen Hochschule, sondern in einer Fabrik entstanden sind".[11] Was sich zuvor als ‚Verschmutzung' einer ‚reinen' Wissenschaft darstellte, wurde hier Kern der Würdigung. Wie schon die vom Museumsgründer Oskar von Miller und dem zuständigen Kurator Franz Fuchs offen mitgeteilte Anekdote zur Rettung des Fraunhofer'schen ‚Spektralapparaten', der als gewöhnlicher Theodolit zu Ausbildungszwecken ‚missbraucht' wurde, zeigt, stilisierte sich das Deutsche Museum insgesamt als Bewahrer eines sonst kaum gewürdigten ‚Schatzes'. Die erzielte, eigentlich widersprüchliche Symbiose zeigt sich auch in einem Porträt Fraunhofers, das im Ehrensaal des Deutschen Museums Aufnahme fand: Es zeigt Fraunhofer trotz einer suggerierten Arbeitssituation in großbürgerlicher

11 J. Zenneck: Josef von Fraunhofer. In: Deutsches Museum – Abhandlungen und Berichte, 1926.

Kleidung, als Wissenschaftler von Rang, neben dem modifizierten Theodoliten stehend und ein Prisma in der Hand haltend[12] (Tafel 2).
Große, bedeutende Naturwissenschaftler und Ingenieure herauszuheben, ehrfurchtgebietend im Ehrensaal zu verewigen und ihre gegenständliche Hinterlassenschaft entweder als „Meisterwerk“ oder zumindest in einer Entwicklungsreihe eindeutig historisch einzuordnen, dies war ein wesentlicher Aspekt bei der Gründung des Deutschen Museums, parallel und doch auch in gewisser Weise konkurrierend mit den Bemühungen ‚Naturgesetze‘ beziehungsweise wichtige Phänomene oder Beobachtungen einem breiten Publikum zu ‚erklären‘. Das Museum war und ist ein wichtiger öffentlicher Ort, an dem Vorstellungen über Wissenschaft produziert werden. Doch während in der Wissenschaftsgeschichte und Wissenschaftsforschung die Entstehung solcher Vorstellungen sowie die Rolle der Geschichtsschreibung hierbei zunehmend kritisch hinterfragt und reflektiert werden, haben diese neuen Perspektiven auf die Wissenschaft in vielen naturwissenschaftlich / technischen Museen bisher nur zu wenigen Veränderungen geführt. Erforderlich scheint ein kritischer Dialog, in dem neuere wissenschaftshistorische Forschungen ebenso Beachtung finden wie die Eigenheiten und die Geschichte von naturwissenschaftlich / technischen Museen.

12 Zu diesem Gemälde siehe auch: Eva Mayring: Das Porträt als Programm. In: Ulf Hashagen, Oskar Blumtritt, Helmuth Trischler (Hg.): Circa 1903. Artefakte in der Gründungszeit des Deutschen Museums, München 2003, S. 55–77.

Farbtafeln

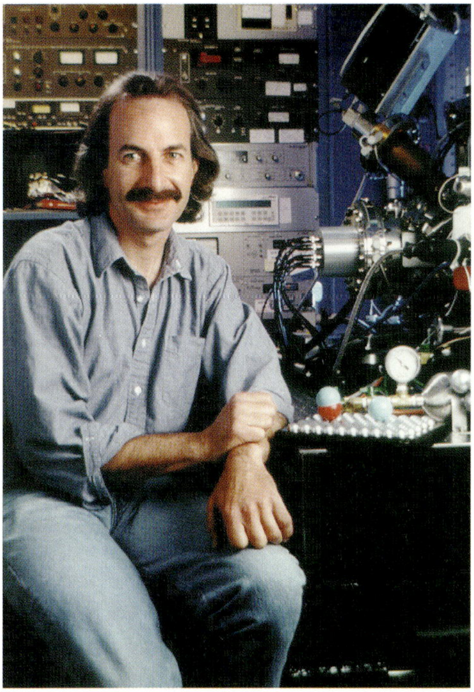

Tafel 1: Don Eigler mit dem Plastikmodell einer Kristalloberfläche und dem Tunnelmikroskop (Hintergrund).

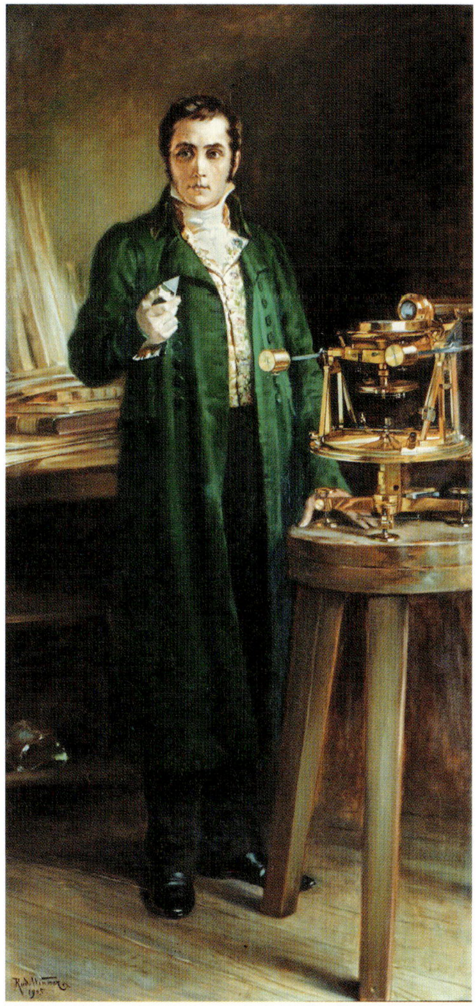

Tafel 2: Joseph von Fraunhofer, Gemälde von Rudolf Wimmer, 1905, Öl auf Leinwand.

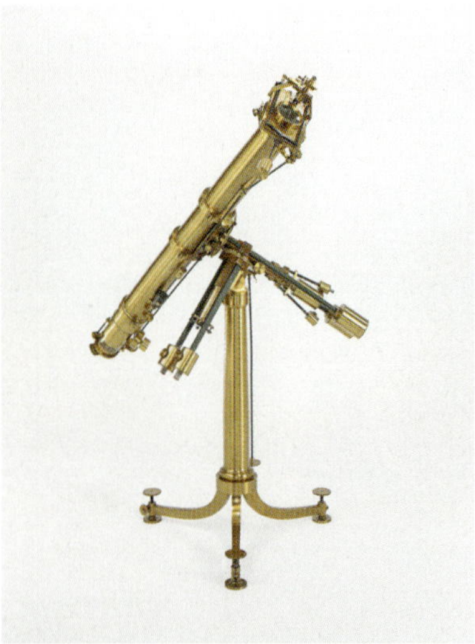

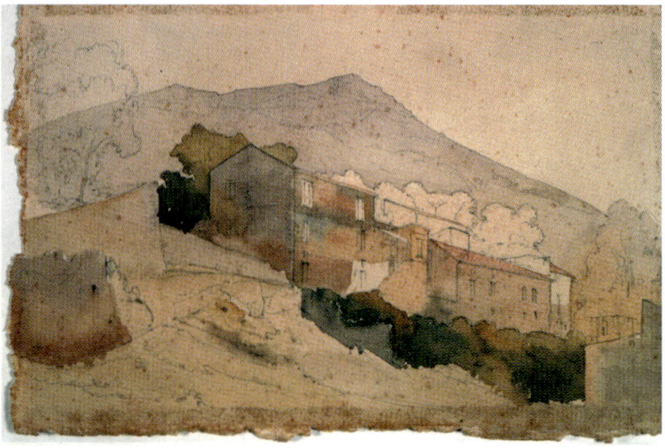

Plate 4: Giacinto Gigante, Alle falde del Vesuvio, c. 1830, pencil and watercolour, Napoli.

Tafel 3: Heliometer von „Utzschneider et Fraunhofer Benedictbeurn", um 1820, München.

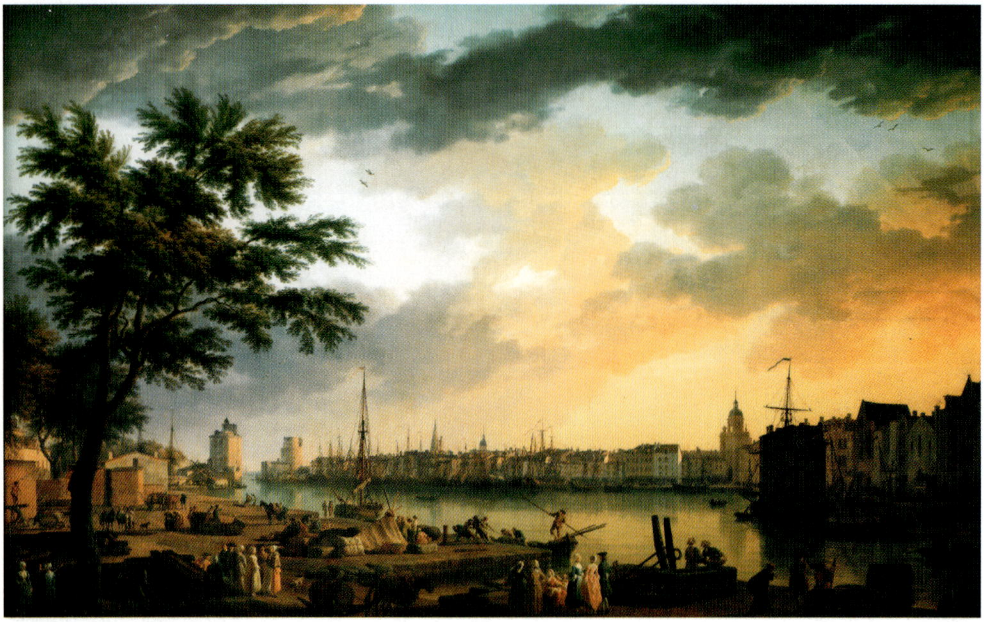

Tafel 5: Claude-Joseph Vernet, Vu du port de La Rochelle, 1762, Paris. An diesem Bild erprobte Denis Diderot im *Salon de 1763* den Blick durch *Lunettes*.

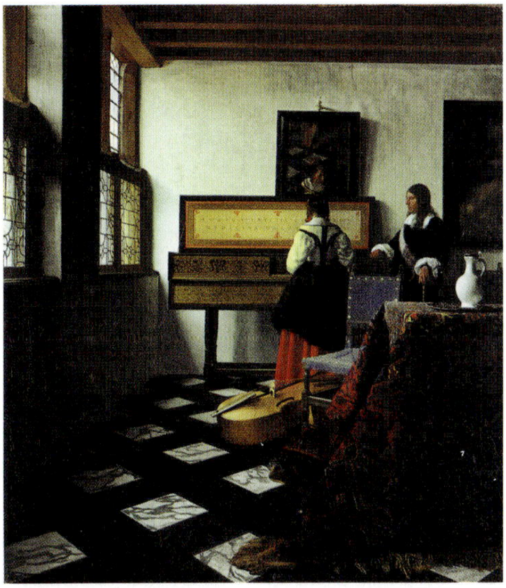

Plate 6: Vermeer van Delft, *The Music Lesson*, c.1662-65, oil on canvas, The Royal Collection, London.

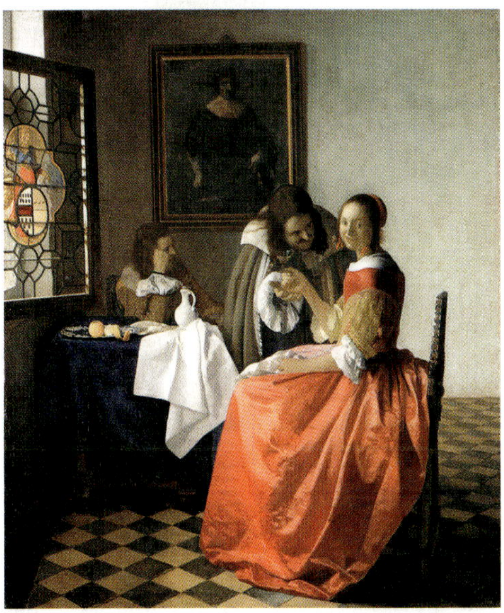

Plate 8: Vermeer van Delft, *The Girl with a Wineglass*, c.1659-60, oil on canvas, Herzog Anton Ulrich-Museum, Brunswick.

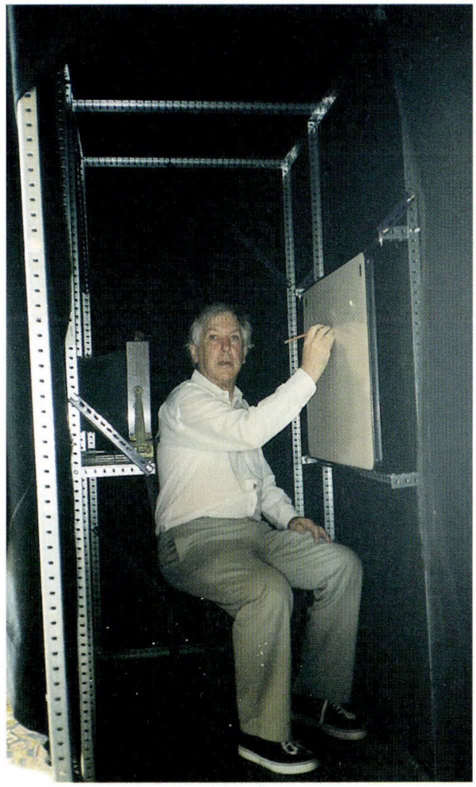

Plate 7: Inside the camera booth shown in *Figure 5*. Notice the plate camera body carrying the lens, and the projection screen.

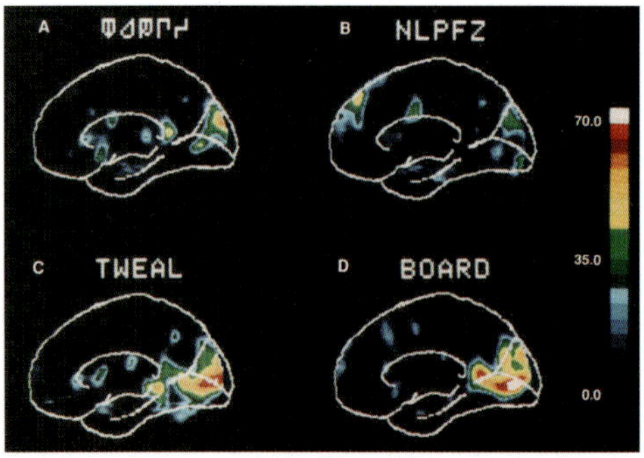

Tafel 9: PET-Bilder, in denen die Intensität des Blutstroms im Gehirn bei der Stimulierung durch wortähnliche Schriftzeichen visualisiert wird.

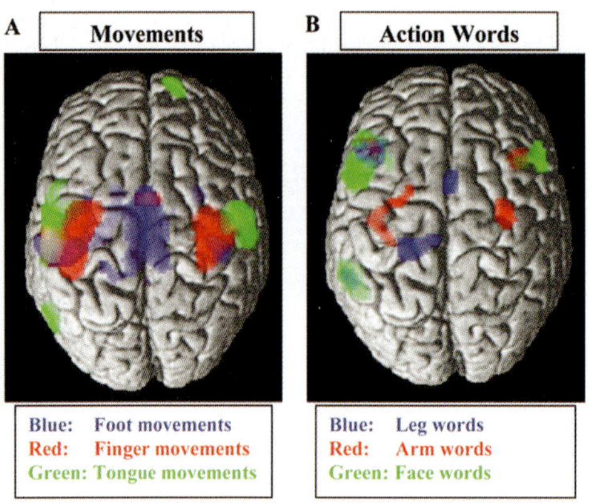

Tafel 10: fMRI-Bilder beim Sprechen bewegungsbezogener Wörter und der tatsächlichen Bewegung der korrespondierenden Körperteile.

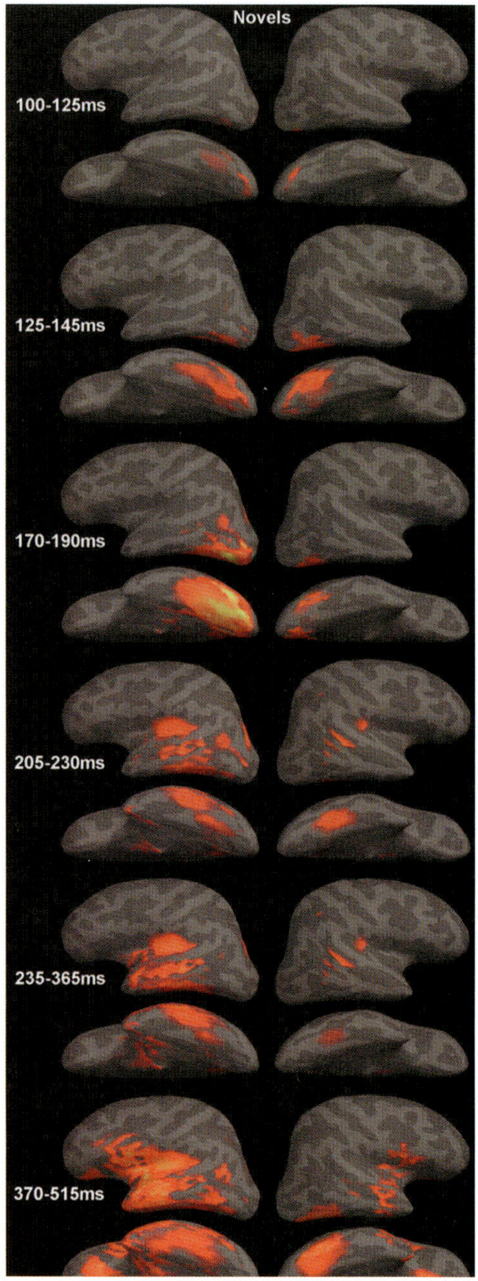

Tafel 11: Flammenähnliche Farbkodierungen in Bildern neurolinguistischer Fachpublikationen.

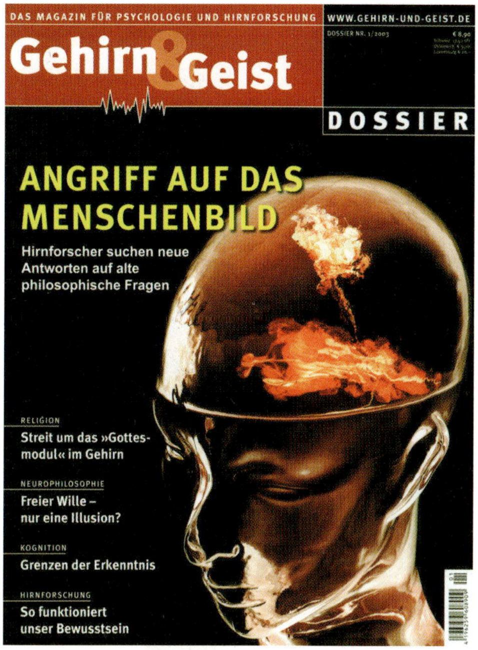

Tafel 12: „Brain on Fire" als Zeitschriftencover, 2003.

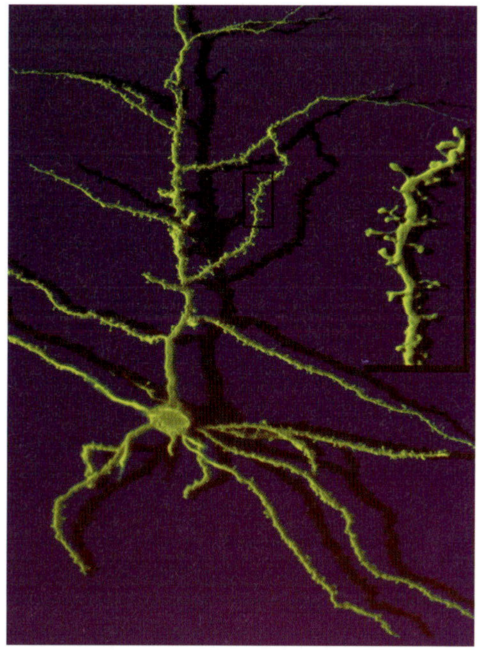

Tafel 13: Schattenprojektion der Aufnahme einer Nervenzelle mit Ausschnittsvergrößerung des Originals. Die Projektion wurde mit „Amira" der Indeed Visual Concepts GmbH berechnet, um die Lage der Zelle im Raum zu visualisieren.

Faksimile

Poseidons Garten in Kanadabalsam

Mikroskopische Präparate, die auf gläsernen Objektträgern mit sehr dünnen Deckgläschen den optischen Eigenschaften einer transparenten, planparallelen Schicht angenähert werden, wurden im Laufe des 19. Jahrhunderts zu standardisierten Dokumentationsobjekten der biologischen und medizinischen Wissenschaften. Als solche sind sie Hybriden zwischen – freilich sehr kleinen – plastischen Gegenständen und Bildwerken. Gewöhnlich stellen mikroskopische Durchlichtpräparate dünne Schnitte durch Gewebe dar oder, wie hier, auch vollständige, winzige Organismen (Abb. 2 u. 3). Bei Dauerpräparaten, wie sie für die universitäre Lehre und Wissenschaftsdokumentation notwendig sind, kommt neben dem präparativen Aspekt des Herrichtens und Färbens die Problematik der Konservierung hinzu. In diesem Fall diente die Form des Durchlichtpräparats dem Erhalt des ohnehin relativ transparenten Tieres. Ein anderes Problem stellt sich bei der Präparation von Stachelhäutern. Sie besitzen ein Kalkskelett des Unterhautbindegewebes, dessen Starrheit die Herstellung feiner Schnitte erheblich erschwert. Deshalb muss die Tierleiche einem Prozess der Gewebsfestigung einerseits und der Entkalkung andererseits unterzogen werden (Abb. 4). Dieses gefärbte Präparat verdeutlicht in Anschnitten die Skelettstruktur, die Anordnung der Coelomräume und der Gonaden.

Von seiner Spitzbergen-Expedition 1886 brachte der Zoologe Willy Kükenthal (1861–1922) einen juvenilen Seestern mit, den er nach einem Fixierungs- und Entkalkungsprozess mit einem Mikrotom in eine Reihe feinster Schnitte zerteilte (Abb. 5). Diese Schnittserie diente in seinen Lehrveranstaltungen als Anschauungsmaterial für die Besonderheiten der Echinodermenanatomie. Kükenthal, der 1918 seine Berliner Professur antrat, ist jedem Biologiestudent als Autor des bis heute aufgelegten Buches *Leitfaden für das Zoologische Praktikum* bekannt, in dem am Kurstag zu den

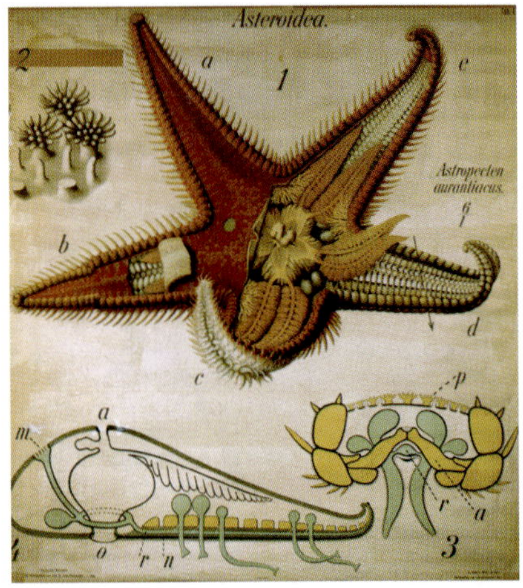

Abb. 1: Pfurtschellers Zoologische Wandtafel Nr. 11, vor 1900, zur Anatomie des Seesterns, Foto (Großdia).

Stachelhäutern neben der makroskopischen Präparation eines Seesterns auch das Zeichnen nach Dauerpräparaten verlangt wird (Abb. 5 und 6).

Der Bestand an mikroskopischen Dauerpräparaten der Zoologischen Lehrsammlung am Institut für Biologie der Humboldt Universität bietet Einblicke in die Anatomie sämtlicher Gruppen des Tierreichs wie auch gute Beispiele für die Geschichte der Präparations-, Fixierungs- und Färbetechniken in der Lichtmikroskopie der letzten 150 Jahre. Das Helmholtz-Zentrum für Kulturtechnik erarbeitete zusammen mit der Arbeitsgruppe Vergleichende Zoologie ein Konzept zur elektronischen Erschließung dieser Mikropräparate in der multimedialen Datenbank „Kabinette des Wissens“. Hochauflösende Scans sind dabei Platzhalter für die einzelnen Präparate oder Serien. Durch die Möglichkeit qualifizierter Suche nach biologischen Gruppen, Themen und Präparationsformen am Computer kann so vielfach das Hantieren mit den bruchgefährdeten Glasplättchen vermieden werden.

Thilo Habel

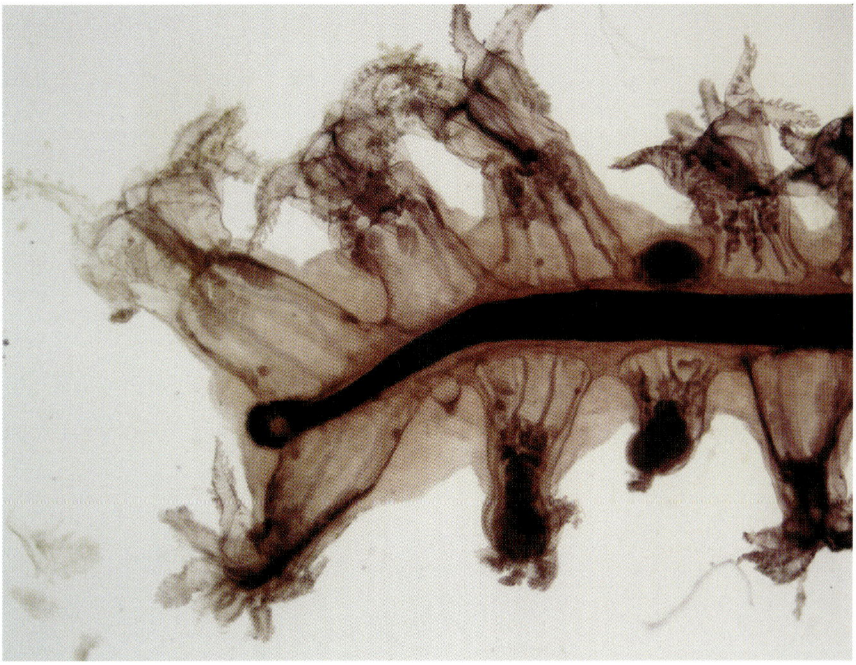

Abb. 2: Totalpräparat: Stöckchen einer Edelkoralle (Cnidaria), in erheblicher Schichtdicke eingebettet.

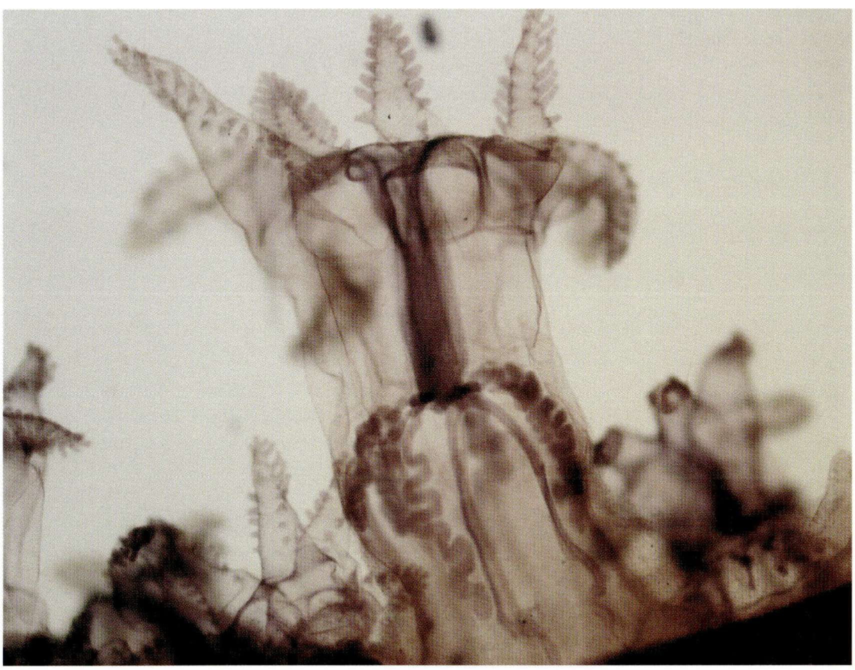

Abb. 3: Detailaufnahme von Abbildung 2.

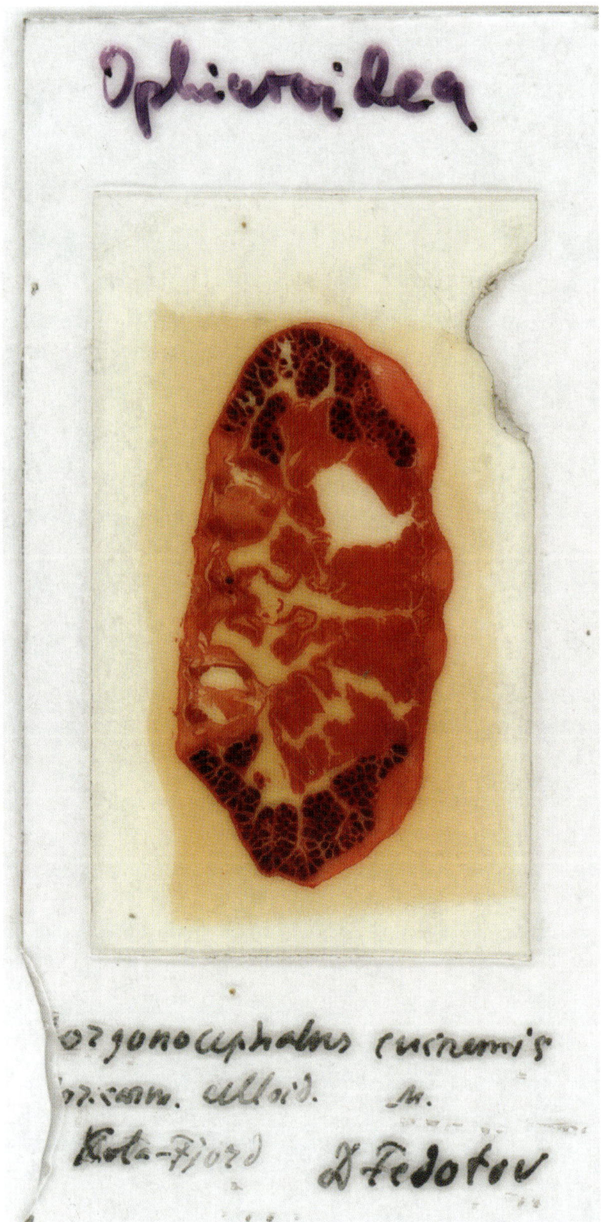

Abb. 4: Großflächiger Querschnitt durch die Scheibe eines Medusenhauptes (Echinodermata).

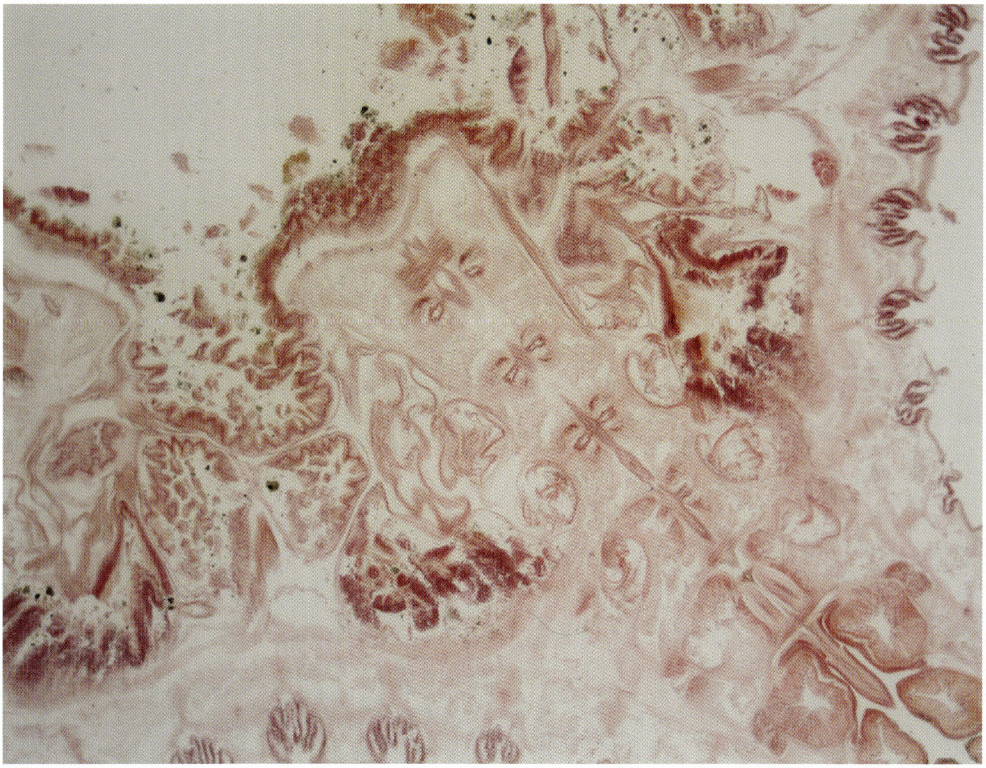

Abb. 5: Horizontalschnitt durch den Seestern Pteraster militans (Echinodermata), Mikroskop-Digitalfoto.

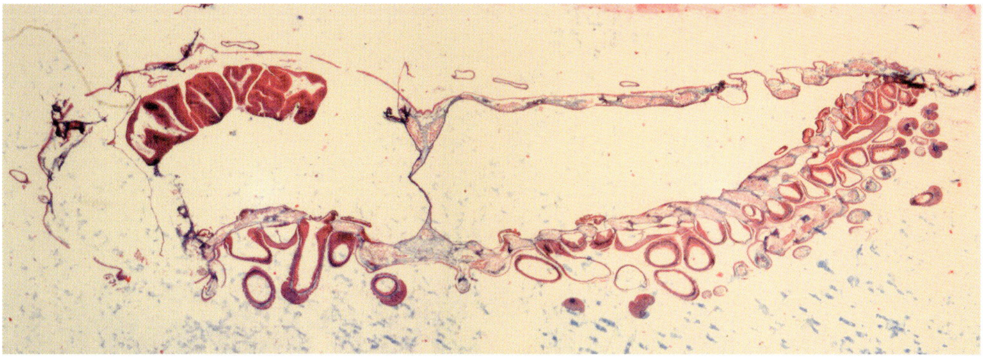

Abb. 6: Längsschnitt durch den Arm des Seesterns Asterias rubens (Echinodermata), Azanfärbung, zwei zusammengesetzte Mikroskop Digitalfotos.

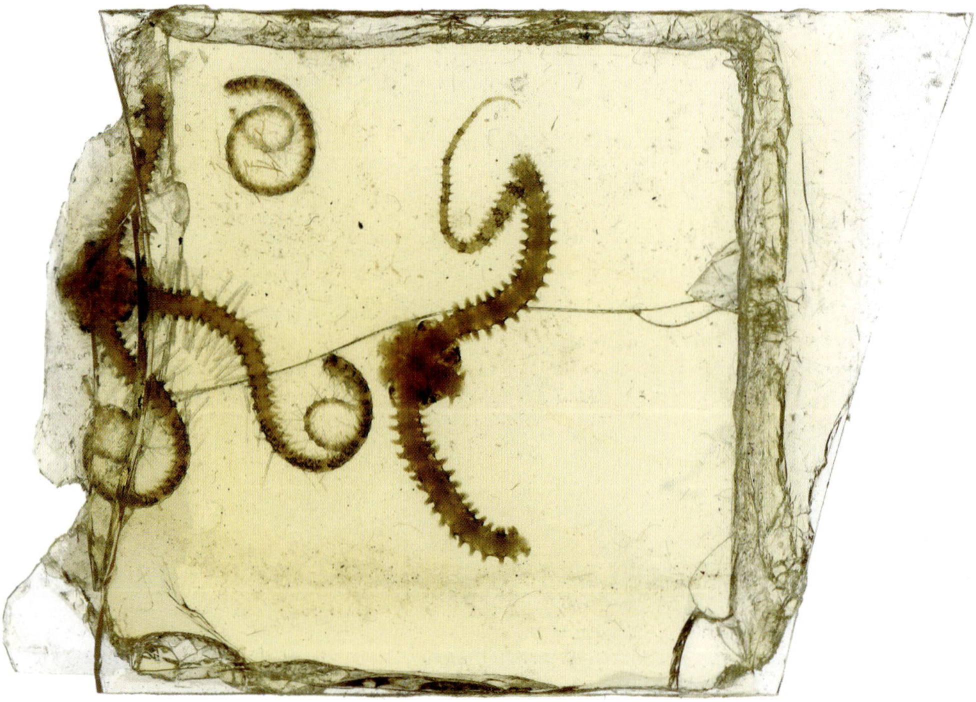

Abb. 7: Fragment mit Bruchstücken eines Schlangensterns (Echinodermata) in Kanadabalsam. Dieses ältere Präparat ist eigentlich nicht für die Durchlichtmikroskopie geeignet, sondern eher als Anschauungsobjekt für die äußere Gestalt durch die Lupe gedacht. Flachbettscan.

Bildbesprechung

Ein Bild und seine Geschichte –
Dalenpatius sieht etwas, das Leeuwenhoek nicht sieht

Im Juni 1699 erhielt die Royal Society vom holländischen Mikroskopisten Antoni van Leeuwenhoek eine eindringliche Mitteilung. Ein junger französischer Kollege[1] hatte von einer spektakulären Entdeckung berichtet, und Leeuwenhoek wandte sich an die Society mit der Bitte, Dalenpatius' Bericht keinen Glauben zu schenken.
Antoni van Leeuwenhoek war durch die Entdeckung der Spermatozoen (1677) zu diesem Zeitpunkt bereits zu einer Autorität auf dem Gebiet der mikroskopischen Biologie geworden. Er hatte die erste Zeichnung der männlichen Samenzelle (Abb. 1) verfertigt, die von Christiaan Huygens sofort kopiert und von dessen berühmten Vater mit den Worten gewürdigt wurde, sie sei „von größter Bedeutung und übertreffe alle bislang gemachten Entdeckungen und Theorien."[2] Hinter Leuwenhoek lagen mehr als 30 Jahre Erfahrung mit mikroskopischen Instrumenten. Nun hatte Dalenpatius behauptet[3], er habe mit einer winzigen, überaus leistungsstarken Linse Samenzellen betrachtet und dabei einen winzigen Homunculus gesichtet: „Die Lebewesen sind nicht größer als ein kleines Weizenkorn. [...] Sie bewegen sich mit wundersamer Geschwindigkeit und erzeugen in der Flüssigkeit, in der sie schwimmen, kleine Wellen. Wer hätte nun gedacht, dass der menschliche Körper in ihnen eingeschlossen ist?
Und doch haben wir es mit unseren eigenen Augen gesehen. Während wir alles genau beobachteten, erschien nämlich ein etwas größeres Spermatozoon, das die schützende Membran abgestreift hatte. Und so zeigten sich die nackte Hüfte, die Beine, die Brust und beide Arme: und die nach oben geschobene Membran saß auf dem Kopf wie eine Kappe..."[4] Als Beweis lieferte Dalenpatius Skizzen des Homunculus, von dem er behauptete, er habe ihn mit eigenen Augen gesehen (Abb. 2).
In der Wissenschaftsgeschichte wird Dalenpatius' Bericht heute vor allem als glatter

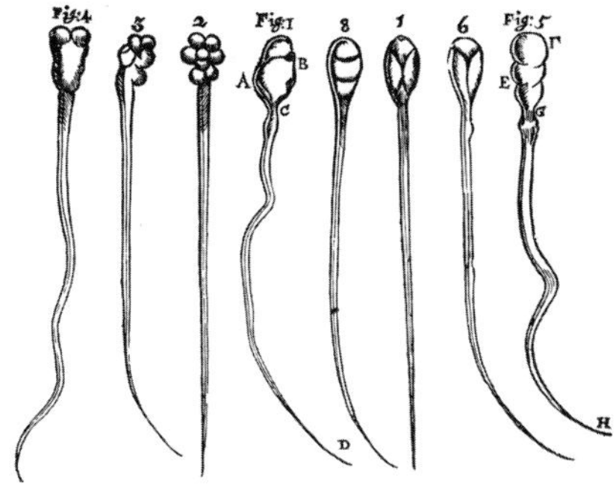

Abb. 1: Spermatozoen nach Leeuwenhoek, 1678.

Schwindel oder schlechter Scherz gehandelt. Auch Leeuwenhoek quittierte ihn mit spöttischem Unterton und wandte sich an die Mitglieder der Royal Society im Vertrauen, wie er schrieb, dass keiner der Mitglieder ihn für wahr nehmen werde. Auf den ersten Blick macht es also den Anschein, als handle es sich um eine wenig ernst zu nehmende Sache, eine kleine Anekdote im wissenschaftlichen Ringen um die Erkenntnis biologischer Fortpflanzungsgesetze. Doch die Länge und Eindringlichkeit des Briefes straft dem Lügen. Zudem dürfen wir nicht vergessen, dass es Dalenpatius später zum Präsident der Société Royale des Sciences in Toulouse brachte und ausgerechnet für seine kartografische Genauigkeit bekannt wurde. Leeuwenhoek wiederum wäre jede Nachricht recht gewesen, um die Theorie des präformierten Menschen im Inneren der Spermatozoen gegen gefeierte Autoritäten wie William Harvey, Nicolaus Steno oder Reinier de Graaf durchsetzen zu können. Hinzu kam die tatsächliche Unsicherheit, etwas Wichtiges übersehen zu haben.[5] Was, wenn es in seltenen Fällen vergrößerte Spermatozoen gegeben, und Leeuwenhoek sie nur nicht zu Gesicht bekommen hatte? Man kann erkennen, wie bei ihm eine kurze Phase der Verunsicherung eintrat, der emsige Kontrolluntersuchungen folgten – er wollte nichts übersehen haben. Erst nach vielen erneuten Fehlanzeigen machte er sich daran, die Behauptung seines jungen Kollegen zu entkräften.
Es bleibt die Frage, wie Leeuwenhoek seine Skepsis begründen konnte. Nur wenige

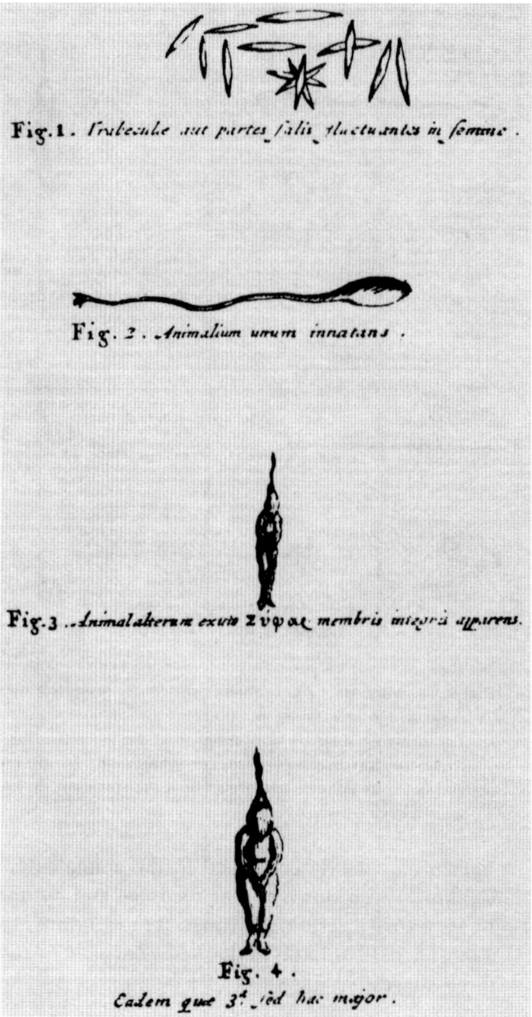

Abb. 2: Homunculus nach Dalenpatius, 1699.

Zeitgenossen hatten ein Spermatozoon mit eigenen Augen gesehen, noch weniger hatten ein solches Experiment mehrmals durchgeführt. Dalenpatius beteuerte natürlich, äußerst genaue Beobachtungen zu Protokoll gegeben zu haben. Zudem behauptete er, eine Linse niemals dagewesener Vergrößerungskraft zu besitzen, und mit diesem Argument entzog er sich jeder Kritik. Dass kein Mensch zuvor das gesehen hatte, was er gesehen hatte, lag seiner Argumentation zufolge an der Überlegenheit seines eigenhändig hergestellten Instruments. Sobald man den Gesichtskreis mikroskopisch erweiterte, hatte man es jedoch mit einer äußerst gekrümmten Linse oder komplizierten Linsenkombinationen zu tun. Leeuwenhoeks Schreiben an die Royal Society und seine Forderung, Dalenpatius' Beschreibung keinen Glauben zu schenken, sind ein solcher Beweis für die Schwierigkeit, ungewohnte visuelle Daten auszuwerten und zu interpretieren. Und hier setzte auch Leeuwenhoeks Kritik an. Denn er bezichtigte Dalenpatius keineswegs der Lüge. Seine Kritik reichte viel weiter und lässt ahnen, dass es wesentlich einfacher war, durch eine stecknadelkopfgroße Linse zu schauen, als durch sie auch etwas zu sehen. Leeuwenhoek behauptete schlichtweg, dass sein junger Kollege beim Umgang mit dem Mikroskop nicht genügend Erfahrung besaß und einer optischen Täuschung aufsaß. Dalenpatius hatte die Eigenschaften einer Linse nicht richtig erfasst und Phänomene für Tatsachen genommen, die dem Medium zuzuschreiben waren, nicht den Objekten selbst. Leeuwenhoeks Dekonstruktion beginnt bei der Herstellung und Montage der Linse, berührt die Präparation und Positionierung des Objekts, bezieht sich auf die Eigenschaften der Konvexlinse und schließt mit folgendem Resümee: „Es kann geschehen, dass wir, wenn zwei Samenzellen hintereinander liegen, nur ein einziges Schwanzende sehen. Daraus schließen wir dann, dass es sich um ein besonders großes Exemplar handelt und nehmen so etwas an, das nicht der Wahrheit entspricht. Wenn wir uns bei einem solchen Schauspiel besonders konzentrieren, können wir erkennen, dass ein Spermatozoon beispielsweise mit dem Rücken zu uns zeigt, andere in unsere Richtung weisen, wieder andere auf der Seite liegen. Kurz, sie können uns so viele verschiedene Ansichten bieten wie jedes große Lebewesen auch [...]. Nun, vier Samenzellen können sogar derart dicht nebeneinander liegen, dass zwei Schwanzenden uns wie Arme und die anderen zwei wie Beine erscheinen ...“[6]

Wir haben das Glück, ein Jahr später eine Abbildung von Leeuwenhoek vorzufinden, auf der eine solche optische Illusion dargestellt ist: Zwei Samenzellen überlagern sich und erscheinen wie ein monströses Wesen

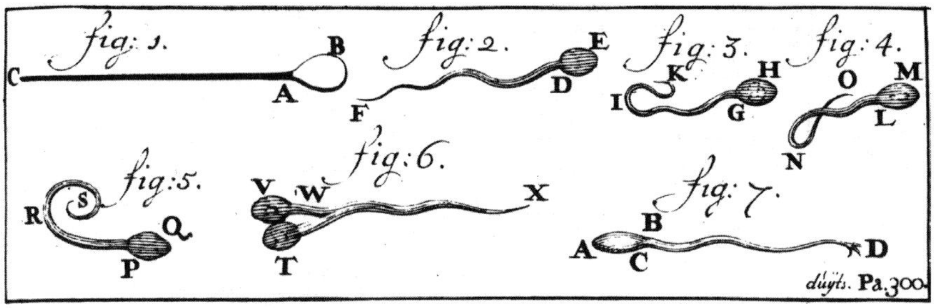

Abb. 3: Spermatozoen nach Leeuwenhoek, 1702.

mit zwei Köpfen (Abb. 3). Leeuwenhoek schließt aus solchen Irrtümern auf Dalenpatius' Umgang mit dem mikroskopischen Bild: Er hatte es falsch interpretiert, weil er über zu wenig visuelle Kompetenz verfügte. Dalenpatius, so erklärte es Leeuwenhoek der Royal Society, musste erst noch lernen zu sehen.

Der von ihm gesichtete Homunculus hatte sich als Phantom entpuppt. Für einen kurzen Augenblick schien es möglich, dem Ursprung menschlichen Lebens mit optischen Instrumenten auf die Spur zu kommen. So hat ein Bild Geschichte gemacht, das die alte präformistische Idee bestärkte, wonach der lebendige Körper im Samen bereits festgelegt sei und während der Genese nur quantitativ zunehme. Und auch diese Idee nimmt kein Ende: Sie speist die aktuelle Debatte um Vorstellungen des ungeschlechtlichen Nukleustransfers und der genetisch identischen Reproduktion eines Organismus.

Karin Leonhard

1 Dalenpatius = Pseudonym (Anagramm) für Francois De Plantade (1670–1741).

2 Antoni van Leeuwenhoek: Alle de Brieven, Lisse 1939–1999, Bd. 12, S. 259 (dt. Ü. K.L.).

3 J. Bernard: Nouvelles de la République des Lettres, Mai 1699, S.552–554: „Article V. Extrait d'une lettre de M. Dalenpatius, à lauteur de ces Nouvelles, contenant une découverte curieuse, faite par le moyen du Microscope".

4 Leeuwenhoek (s. Anm. 2), S. 297. Dalenpatius' Artikel bezog sich natürlich auf die Debatte zwischen Animalculisten und Ovulisten, die in den letzten beiden Jahrzehnten des 17. Jahrhunderts entbrannt war. Während letztere an die Beteiligung der weiblichen Eizelle am Fortpflanzungsvorgang glaubten, waren die Animalculisten der Überzeugung, dass jede männliche Samenzelle einen vollständig ausgeformten Miniaturfötus barg. Dieser nahm nach der Empfängnis im Uterus lediglich an Größe zu, seine Gestalt existierte von Anbeginn an. Leeuwenhoek selbst war ein äußerst engagierter Vertreter der Präformationstheorie.

5 Einige Jahre zuvor hatte Leeuwenhoek selbst noch an die Möglichkeit geglaubt, in Spermatozoen vorgeformte Gliedmaßen zu entdecken. Siehe Leeuwenhoek, (s. Anm. 2), Bd. 5, S. 139–213 und S. 215–269.

6 Leeuwenhoek (s. Anm. 2), Bd. 13, S. 307.

Erna Fiorentini

Subjective Objective. The Camera Lucida and Protomodern Observers

With respect to the first half of the 19th-century, the use of optical instruments for the observation and representation of natural reality is seen generally as signaling the topographic conquest of space, as opposed to the pleasures of an individual, aesthetic experience of nature leading to a figurative creation based on imagination and invention. In particular, the use of optical apparatuses to support vision for the sake of depiction is regarded as a mark of interest in the realistic representation of the observed, and is treated as an entity independent from the historical conditions which modulated the aesthetic and epistemologic approach to the visible. This argument continues to underlie the discussion of practices of observation and depiction based on optical instruments, persistently attributing to these techniques of perception and representation an unidirectional mechanical connotation.[1]

It is intriguing that most of the studies following this line of argument neglect a major phenomenon in early 19th-century visual culture: this is the spread of optical devices which were not meant as 'reproduction machines', as catoptric apparatuses able to create visible, projected images, but as instruments to support vision, sharpening and regulating it during the translation of individual observations into signs.

The most representative of such devices is the *camera lucida*.[2] Both the optical principle of this instrument and its huge impact on early 19th-century visual culture show that the expectations posed to optical instruments supporting observation

1 Symptomatic of this inclination to attribute mimetic intentions to instrument based practices of depiction is the strong need for discussion of the so-called 'Hockney-Falco Thesis' (in which the use of optical devices in art is considered in terms of 'realism' and a struggle for the perfect imitation of 'objective reality'. See David Hockney: Secret Knowledge. Rediscovering the Lost Techniques of the Old Masters, London 2001). Numerous conferences have been in fact convoked in response to that thesis (Art and Optics, University of New York, 1–2 December 2001; Optics, Optical Instruments and Painting. The Hockney-Falco Thesis Revisited. University of Ghent 12–15 November 2003; during the International Conference on Pattern Recognition held in Cambridge, UK, on August 23–26, 2004, a paper has been presented to challenge Hockney's claims, but solely underscoring that "talented realist painters can achieve excellent perspective without the use of optical tools". See Antonio Criminisi/David G. Stork: Did early Renaissance masters trace optical projections? Machine vision techniques address questions in art history. For the text, see http://www-psych.stanford.edu/~stork/CriminisiStorkDid.pdf). This trend is also detectable in many attempts to revise the image of romantic concepts of the experience of nature in terms of scientific exactness (e.g. Jenns E. Howoldt, Uwe M. Schneede (ed.): Expedition Kunst. Die Entdeckung der Natur von C.D. Friedrich bis Humboldt, Hamburg 2002).

2 John H. Hammond/Jill Austin: The Camera Lucida in Art and Science, Bristol 1987.

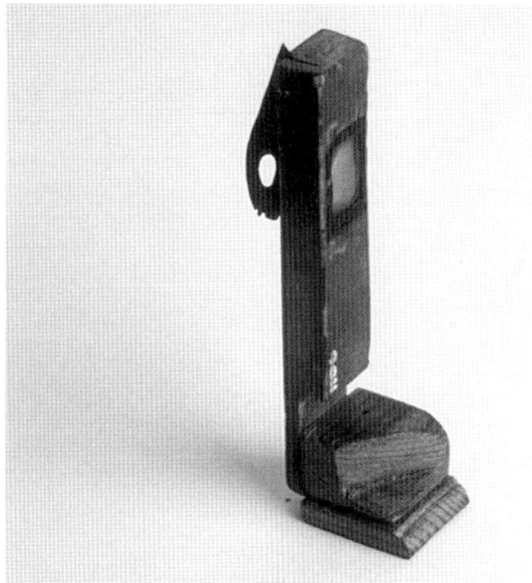

Fig. 1: Wollaston's original camera lucida, 1786.

and depiction were much more complex than merely addressing mimetic tasks.

Prismatic Reflexion and Judgement

The *camera lucida* was contrived around 1786 by the chemist, optician, and physiologist William Hyde Wollaston[3] (fig. 1), who patented it in 1806 as "An instrument whereby any person may draw in perspective, or may copy or reduce any print or drawing"[4]. The device first received its name in Wollaston's *Description of the Camera Lucida*.[5] It is confusing that he adopted the terminus 'camera' for his new contrivance, since it recalls another important optical drawing device, the *camera obscura*, although the principles of the two instruments are completely different[6] (fig. 2): While the camera obscura is a box with a convex lens, projecting images onto a screen, the camera lucida is nothing more than a prism (quadrilateral as in figure 3, or triangular applied on a glass pane as in figure 4), mounted on a stem which can be fixed on a drawing board (fig. 5). "The lengths of the stem that suit best for objects at different distances are shown by marks upon the inner tube".[7]

The image of the object toward which the prism is directed (position "O" in figure 4) is not projected on the drawing board, but reflected twice (on the points A and B in figure 4) by the mirroring plane surfaces into the observer's eye, which, due to the principle of double (or prismatic) reflexion, perceives it in correspondence to direct observation, upright and true sided. The observer's glance

3 This date is affixed to a version in the Whipple Museum Cambridge, thought to be Wollaston's prototype, see R.T. Gunther: Early Science in Cambridge/Oxford 1937, p. 109.

4 The Patent No. 2993, 4 December 1806, was published in: The Repertory of Arts, Manufactures, and Agriculture, 2nd Series, v. 10, n. 57, February 1807, pp. 161–164.

5 William Hyde Wollaston: Description of the Camera Lucida. In: Journal of natural philosophy, chemistry and the arts, XVII, 1807, pp. 1–5 and in: Philosophical Magazine, XXVII, 1807, pp. 343–347. Also W. H. Wollaston, Description de l'appareil appellé Camera Lucida. In: Bibliothèque Britannique, XXXV, 1807, pp. 255–264.

6 The analogy with the terminus 'camera obscura' is thus not due to the technical similarity of both devices, but to the fact that the word 'camera' had become associate with 'drawing' at the beginning of the 19th century. Probably, thus, "Wollaston thought of the 'camera obscura' as drawing in the dark' [...] whereas with the camera lucida drawing is done in the light". See Hammond/Austin (as in n. 2, pp. 13–14).

7 Francis West: A description of the Camera-Lucida for drawing in true perspective [...], London 1831, p. 4.

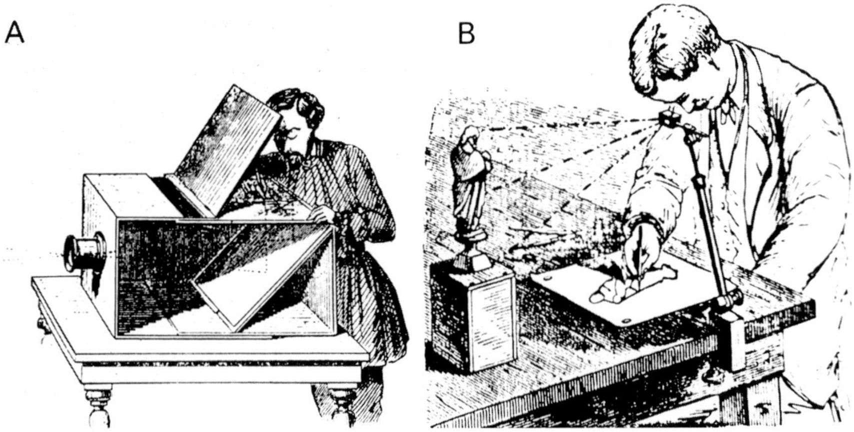

Fig. 2: A: Box-type camera obscura. B: Camera lucida.

is constantly directed to the drawing surface, and not to the object itself. Due to optical illusion, the retinal image produced by the prismatic reflexion overlaps the sheet of paper on the drawing board, at which the drawer is looking (position "F" in figure 4) and where his pencil or brush (fig. 6) can trace the corresponding forms or fix shadows and colours (Plate 4)[8].

In the camera obscura the image of the chosen object, being a projection, appears on the screen, "where others can easily see and contemplate it"[9] as a steady picture, a "tableau en miniature"[10] which can be drawn by a simple process of tracing[11]. The image conveyed by the camera lucida, conversely, does not exist. It is a virtual image available to the single observer only, since it exists only in his visual perception. Other observers are able to see on the paper just the lines appearing successively in the course of the tracing process (fig. 7). This virtual

8 Fixing colours and chiaroscuro-relations before tracing the outlines is part of the working process with the camera lucida. In 19th-century manuals it is frequently noted that "in sketching with this instrument [...] it is not absolutely necessary to begin with [the outline], as in ordinary drawing; [...] this change in the order of shade and outline [is] one of the great advantages of the instrument" (Basil Hall, Travels in North America in the years 1827 and 1828, Vol. III, Edinburgh 1830, Appendix on the use of the camera lucida, p. 6).
In a letter to John Herschel (22 July 1832, The Royal Society, London, Herschel Correspondence, HS 9:170), Basil Hall reports this technique of interchange of line and colour to have been used by traveller Frederick de Roos for his vedutas (Frederick Fitzgerald De Roos: Personal Narrative of Travels in the United States and Canada in 1826. Illustrated by Plates. With Remarks on the Present State of the American Navy, London 1827).
Landscape painters like Giacinto Gigante also worked with brush and pencil alternatedly while using the instrument (see Erna Fiorentini: Nuovi punti di vista. Giacinto Gigante e la Camera lucida a Napoli. In: Martina Hausmann/Max Seidel (eds.): La pittura italiana dell'Ottocento, Venezia (Marsilio) 2004, pp. 165–178, (in print).

9 Francesco Algarotti: Saggio sopra la pittura, Livorno 1763, p. 67.

10 Pierre Henry de Valenciennes: Éléments de perspective pratique à l'usage des artistes. Suivis de Réflexions et conseils à un elève sur la peinture, et particulierement sur le genre du paysage, [Paris 1800] reprint: Genf 1973, p. 295.

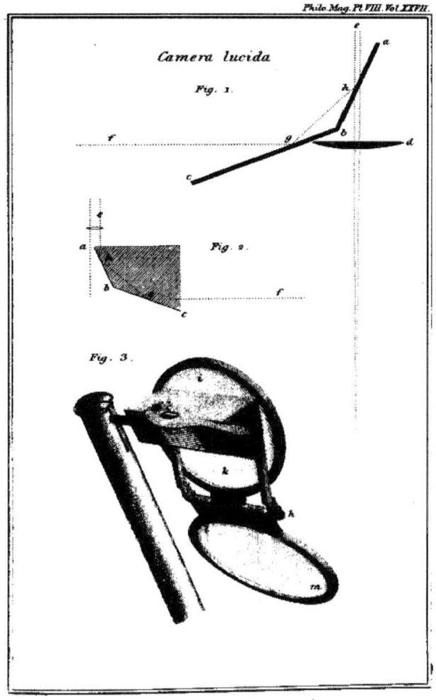

Fig. 3: Wollaston's camera lucida.

image cannot be traced so easily, since even a slight movement of the head can remove the observed scene from its already drawn parts. Interruptions of the simultaneous observation-and-drawing process make the virtual image disappear from the paper surface, and it is painstaking, if not impossible, to bring it to overlap again with the drawing lines previously traced.[12]

Thus, if the image of the camera obscura can be considered 'objective' in terms of visual perception because it is created by a means external to the eye's physiology, the camera lucida creates only an 'illusion' of objective vision. The 'reality' transmitted by the reflection of the prism is subject to the judgement of the observer, who traces on the paper images recreated by his own perception. Thus, if on the one side the camera lucida was "well know as a corrective of the ... decisions of the eye or a succidaneum in the labour of educating that organ"[13], it was recognized to induce a critical process where "eye and judgement may then be exercised in determining [...] the relative magnitudes and distances of the [...] objects [...] affording the most valuable aid in cultivating a delicacy of discrimination"[14].

11 "The great advantage of the camera obscura is, that it fixes the objects to be represented upon the surface, so that when the artist has taken his station, and arranged his instrument, he has nothing to do but run his pencil over the objects which he sees lie under his hand, and, in proportion to his capacity for drawing with correctness and facility the objects which lie before him, will his drawings be masterly, beautiful, and correct" (Thomas Sheldrake: On the Camera Lucida. In: Journal of Natural Philosophy, Chemistry and the Arts, 23, 1809, pp. 372–377, here p. 373).

12 "It is true that by moving my head to one side, and looking diagonally through the eye glass ... I could get all the horizontal lines that were within the range of the instrument or the drawing: But it was impossible, by any artifice to do so as much with the perpendicular lines ... without altering the position of the glass, and in doing this it was found impossible to connect the different portions of the scene that were viewed upon changing the position of the glass, with a degree of truth comparable to what may be attained by the camera obscura without any trouble at all" (Sheldrake, as in n. 11, p. 375).

13 W. G. Horner: New and Important Combinations With the Camera Lucida. In: Annals of Philosophy, 6, 1815, pp. 281–283, here p. 281.

14 R.B. Bate: On the camera lucida. In: Journal of Natural Philosophy, Chemistry and the Arts, 24, 1809, pp. 146–150, here p. 149.

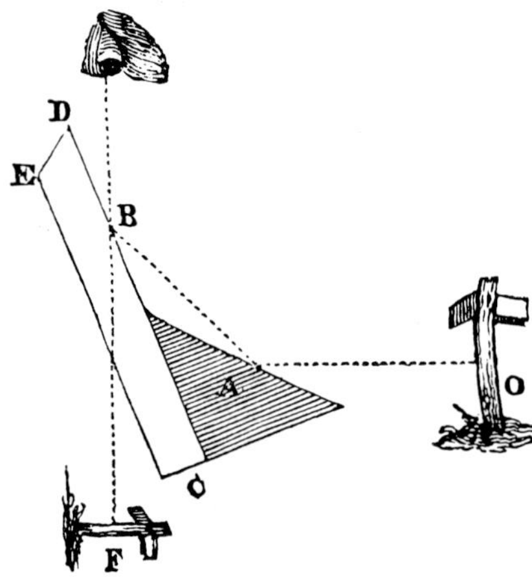

Fig. 4: Principle of Giovanni Battista Amici's camera lucida.

In order to be a satisfactory transposition of the visible into the drawn, the process of representation with the camera lucida must simultaneously comprise perception, analysis and discrimination of the scene's fundamental forms, lights and colours and of their relations in space. This transposition of the visual impression "into a complex metaphor of perceptual and intellectual possession"[15] is hardly a mechanical copy but more like a process of translation, which, as many manuals of the 19th-century underscore, should be selective, avoiding a focus on the minute reproduction of every detail, which could compromise the desired effect[16].

This principle of examination and choice implicit in the use of the camera lucida met the changing requirements of the different fields in which the instrument was used in the 19th-century. It answered, for instance, basic demands of topography, where the validity and reliability of geographical or military surveying sketches was considered a function of the attention dedicated to relevant details, and did not depend on the degree of exactitude of the general reproduction.[17] The freedom of choice and decision granted to the draughtsman by the camera lucida revealed its utility for the recording of observations in microscopy already at the beginning of the 19th-century[18], but continued to be explicitly appreciated long after the development of photographic techniques, due to its advantages for "the training to accurate observation"[19]. In the methods of landscape paintings, where the camera lucida was a popular means of drawing from

15 Paula Young Lee: 'The Rational Point of View': Eugène-Emmanuel Viollet-le-Duc and the Camera lucida. In: Jan Birksted (ed.): Landscape of Memory and Experience, London 2000, pp. 63–76.

16 "[...] an attention to details is not so necessary in order to produce the desired effect [...] I should therefore recommend sketchers with this instruments to avoid minute particulars. [...] in this way the sketch will convey, upon the whole, a more correct idea of the object [...] than if twice the pains had been taken to render all its parts rigidly correct" (Hall, as in n. 8, p. 9).

17 Practical Military Surveying and Sketching. By Lieut.-Col. Drayson, R.A. Fifth Edition, London 1874, p. 1.

18 Giovanni Battista Amici: Account of an Improved Catoptrical Microscope. In: Edinburgh Philosophical Journal, 2, 1820, pp. 135–138.

19 G. A. Piersol: Drawings v. Photographs (also screen for the Abbe Camera Lucida). In: Journal of the Royal Microscopical Society, Ser. 2, Vol. 3, 1888, pp. 809–813.

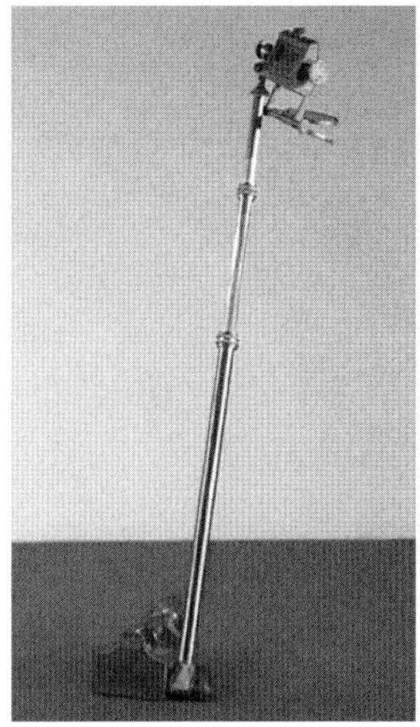

Fig. 5: Camera lucida by Bandieri and De Conciliis, Naples, 1820.

nature, the principle of selection became an important element as well. Jakob Philipp Hackert already advised the draughtsman, "daß nicht zu viele Kleinigkeiten in die Zeichnung [...] kommen [...]. Er muß vieles weglassen, um die wahre Illusion des Gegenstandes hervorzubringen [...]"[20]. In the first decades of the 19th-century, drawing from nature and representing 'real places' shifted methodically from documentary analysis to a process of synthesis and extraction, where the depiction need not be identical, but merely coherent with reality.[21] Concepts of mimesis were displaced in favour of a "relative imitation" with the aim to achieve not so much an identity, but a "correspondence of the components of art and nature"[22]. This "imitation idéale", conceived as an antipode of the "imitation positive"[23], consisted in the "transformation" of the observed[24], a process that "à l'aide de ce qui est, nous montre ce qui n'est réellement pas!"[25], namely ideas, impressions, sensations and desires[26].
In this context it is no wonder that, although nearly all user's manuals praised it as a device to help render "true perspective"[27], the fascination of the camera lucida seems to have consisted much more in the fact that "the accuracy which belongs to all its delineations ... is quite consistent with the most perfect freedom of execution in the hands of those who posses taste or capacity to represent nature with spirit"[28].

20 Paolo Chiarini: Jakob Philipp Hackert & Johann Wolfgang Goethe, Lettere sulla pittura di paesaggio [1806], Roma 2002, p. 57.

21 See Anna Ottani Cavina: Un paese incantato: Italia dipinta da Thomas Jones a Corot, Milano 2001, p. XXVI.

22 Giovanni Pietro Bagetti: Analisi dell'unità d'effetto nella pittura e della imitazione nelle Belle Arti, Torino 1827, pp. 93–94.

23 Antoine Quatremère de Quincy: Essai sur la Nature, le but et les moyens de l'imitation dans les beaux-arts, Paris 1823, p. 348.

24 "De l'action de transformer ou der transposer, considerée comme moyen de l'imitation idéale [...]" (Quincy, as in n. 23, pp. 323–331).

25 "[...] que de créations enfin dont nous devons l'existence à cette imitation, non pas quelle qui se borne à nous montrer ce qui est réel, mais celle qui, à l'aide de ce qui est, nous montre ce qui n'est réellement pas!" (Quincy, as in n. 23, p. 175).

26 Quincy (as in n. 23), p. 174.

27 See e.g. George Dollond: The Camera Lucida. An Instrument for Drawing in True Perspective, and for Copying, Reducing, or Enlarging Other Drawings, London 1830.

28 Basil Hall: Drawing and Description of the Capstan Lately Recovered from the Royal George. In: United Services Journal and Naval and Military Magazine, part III, 1839, p. 379.

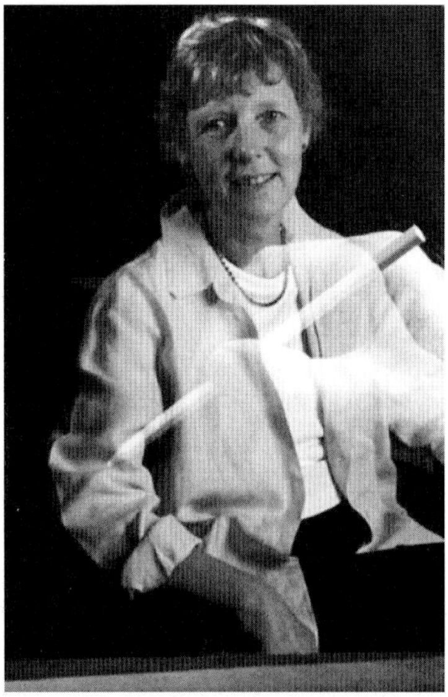

Fig. 6: The virtual image seen by the draughtsman at the camera lucida.

Protomodern Observers

The camera lucida offers a particular quality of experience of the external world, being at the same time a suitable drawing instrument. The visual immersion into the 'reality' of visible nature by means of the camera lucida is also an immersion into the individual process of perception. Thus, it becomes a confrontation with the need for critical judgement of the visual data in order to modify them either for a 'true' or an individual representation of the observed. The device is an 'objective' which allows the recording of subjective aspects as well. Unlike the camera obscura, the principle of depiction of the camera lucida does not depend on the apparatus, but much more on the reaction, criticism and capacities of the observer himself. He is the one who judges the optical impressions conveyed by the prism and who controls the form, accuracy and emphasis of their depiction. The prism does not replace vision and representation, as in the case of the camera obscura. It enhances much more the interaction of sense experience, judgement and the techniques of translation of vision into signs. The use of this instrument should be seen as an evidence of a conscious effort to visualize the interplay of individual experience and its 'objective' fixation.

For the 19th-century, this does not seem explainable by the dichotomous models of transition between 'objective' and 'subjective' modes which have been proposed to describe vision's turn to modernity in the first decades of the 19th-century, postulating a sudden transposition of sight inside the body, a polarisation between vision as mechanical mirroring of the world 'out there' and an "embodied seeing", solely concerned with the process of vision itself and its physiological mysteries rather than with the object observed.[29]

The success of the camera lucida indicates much more that in this time an additional pressure existed to reduce the 'objective' perception and reproduction of reality and its individual experience to a common denominator. If we under-

29 Vision and visuality; Jonathan Crary: Techniques of the Observer. Vision and modernity in the Nineteenth Century, Cambridge 1990; Martin Jay: Scopic Regimes in Modernity. In: Nicholas Mirzoeff (ed.): Visual Culture Reader, London/New York 1998, pp. 66–69.

30 Valenciennes (as in n. 10), pp. 303–311, pp. 336–340.

31 Barbara Maria Stafford: Toward Romantic Landscape Perception: Illustrated Travels and the Rise of Sigularity' as an Aesthetic Category. In: Art Quarterly, New Series I, 1977, pp. 89–124.

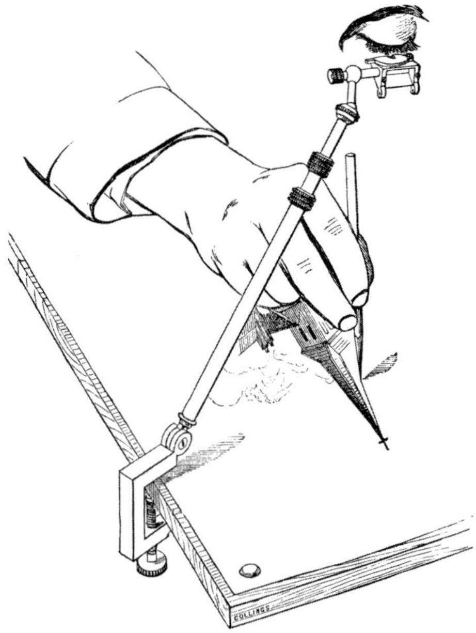

Fig. 7: Drawing process with the camera lucida.

stand the modernity of visual regimes in terms of a shift to subjectivity, both the principle and the broad diffusion of the camera lucida supply a useful metaphor for a time-specific, no-longer-Cartesian and not-yet-modern observer, rather a protomodern observer oscillating between objective and subjective modes of experience, whose distinctive feature was the attempt to synthesize these two poles in the record of nature's appearance and of its experience. This kind of observer acted in the tension between the awareness of his perceiving presence *in*, and the desire for bodiless mimesis *of* the physical space surrounding him. On the one hand, this tension was mediated by changing aesthetic concepts, as empirical observation of nature became an artistic imperative[30] and 'singularity' became an aesthetic category in landscape painting[31]; on the other hand, it depended on the scientific recognition of a non-mechanical sensibility of the human body, which, starting with Albrecht von Haller's definition of irritability[32] in the mid 18th-century, began to become part of the collective understanding of vision at the turn of the 19th-century[33].

The protomodern observer was thus aware that his eye could not be drawn on the Cartesian model anymore, he recognized the complexity of its physiological features, and could no longer consider it as a neutral and passive screen on which outside reality is projected. Yet he conceded that his eye still had epistemic capacities, deeming it a "visual box of resonance"[34] of the outside world, capable of

32 Karl Sudhoff: Albrecht von Haller. Von den empfindlichen und reizbaren Teilen des menschlichen Körpers. 1752, Leipzig 1922.

33 The development of physiological optics in the second part of the 18th century made it unreliable to draw an inference about the laws governing nature from the visual recording of its physical appearance. Thus, if Joseph Priestly's *History and Present State of Discoveries relating to Vision, Light, and Colours* (1772) already discussed the influence of natural impressions on vision and the perils of visual illusion, Johann Wolfgang Goethe's demand for a qualitative optics expressed the need to consider vision as a complex, independent process, which Arthur Schopenhauer would finally regard as a solely physiological category.

34 Herta Wolf (ed.): Philippe Dubois. Der fotografische Akt. Versuch über ein theoretisches Dispositiv, Dresden 1998, here p. 131.

conveying 'true' information so long as the observer is able to judge his visual impressions critically.
Only the demands of this particular observer, struggling to make the individual experience of nature recognizable while 'objectifying' the process of vision and the representation of visual perception, can explain the question why there was a need by 1807 to invent an instrument like the camera lucida, facilitating the faithful representation of nature, but at the same time allowing the imperfect perceptual qualities of human sight a high degree of involvement in the process of representation.

Peter Bexte

Augen wie Blindenhunde. Diderot im Salon

Das Wort Salon hat seit Diderot einen mehrfachen kunstgeschichtlichen Sinn. Es meint erstens einen Raum im Louvre, zweitens die dort gezeigten Ausstellungen, und drittens benennt es die Urform der modernen Kunstkritik: den *Salon*, wie man die zugehörige Textgattung nennt. Die Unterscheidung Salon / *Salon* bezeichnet einen Parcours des Discours, den Diderot vorab in privaten Räumen erprobt hat. Im Folgenden soll es um zwei dieser Orte gehen: um den Privatsalon im Haus des M. de Réaumur sowie um den Salon des Louvre. Die zugehörigen Ereignisse sind eine Blindenoperation sowie ein optisches Experiment in der Kunstausstellung.
Die genannten Ereignisse sind sachlich aufeinander bezogen. Durch die Konfrontation mit dem Phänomen der Blindheit wurde Diderot zu eigentümlichen Experimenten angeregt, die seinen Begriff der Natur sowie seine Praxis der Kunstkritik beeinflusst haben. Indem er sukzessive das alte Theorem von Kunst als einer Nachahmung der Natur mit dem Wahrnehmungsproblem koppelte, entstand ein irritierend neues Problem: Wer Natur nachahmen will, muss sie wahrnehmen können und sich also auf die Natur der Wahrnehmung besinnen. Die hier ausgeführten Überlegungen setzen bei der Sinnenlehre an.[1] Ihre Bedeutung erweist sich in Experimenten am blinden sowie am optisch manipulierten Auge.

Blindheit im Salon des M. de Réaumur

Im Jahre 1749 wurde Denis Diderot zu einem gesellschaftlichen Ereignis eingeladen – zu einer Blindenoperation. Nach dem Bericht seiner Tochter, Mme de Vandeul, eilte er voller Neugier dorthin: „Curieux d'examiner les premiers effets de la lumière sur un être à qui elle était inconnu, il espérait une expérience aussi intéressante que neuve."[2] Seine Neugier entzündete sich an der Vorstellung eines ersten Blicks, dem alles neu wäre. Das Licht, welches dem *Siècle des lumières* seinen Namen geben sollte, ließ sich in dieser Szene – oder sollten wir sagen: diesem Szenario? – auf die Probe stellen und befragen: Gibt es ein reines Sehen in der ersten Vermählung von Licht und Fleisch im Auge?
Die Frage nach dem ersten Blick war seit der zweiten Ausgabe von John Lockes

1 Diesem Ansatz folgt die Auswahl der vom Verfasser herausgegebenen Leseausgabe: Denis Diderot: Schriften zur bildenden Kunst, Dresden 2004.

2 Memoires pour servir à l'histoire de la vie et des ouvrages de M. Diderot par Madame de Vandeul, sa fille. In: Denis Diderot: Oeuvres complètes. Édition critique et annotée, hg. von Arthur M. Wilson et al., Paris 1975, Bd. I, S. 21.

Essays (1694) zu einem philosophischen Problem geworden, dem so genannten Molyneux-Problem. In einem Brief an Locke vom 7. Juli 1688 hatte William Molyneux gefragt, ob ein Blindgeborener, der plötzlich sehend würde, mit den Augen eine Kugel von einem Würfel unterscheiden könne, was ihm bisher durch den Tastsinn gelang. Anders gesagt: Lernen Sinne voneinander? Lehren die Hände die Augen? Indem Locke die Frage aufgriff, löste er eine philosophische Debatte aus, die durch medizinische Berichte gefördert wurde. Wegweisend war 1728 der Bericht des Arztes William Chesselden[3]. Was er von einer Blindenoperation schrieb, wurde als negative Antwort auf das Molyneux-Problem verstanden. Der Text ist während des ganzen 18. Jahrhunderts unter verschiedenen Prämissen rezipiert worden.[4] Er gehört in den Zusammenhang dessen, was Foucault „die beiden großen mythischen Erfahrungen" des 18. Jahrhunderts nannte: „der fremde Beschauer in einem unbekannten Land und der Blindgeborene, dem das Augenlicht geschenkt wird"[5]. Die Veranstaltung, zu welcher Diderot 1749 eingeladen war, muss in diesem Kontext gesehen werden.

Das Zielpublikum bestand, wie Mme Vandeul berichtet, aus „gens de l'art et quelques littérateurs". Nach altem Sprachgebrauch meint *art* jede angewandte Kunstfertigkeit.[6] Theodor Lücke hat „gens de l'art" daher mit dem Wort „Sachverständige" übersetzt.[7] Dies ist sehr eng gefasst und verdeckt die Bemerkung, dass die Faszination von Blindenoperationen zu jener Zeit weit über Sachverstand hinausging. Aus dem Bericht der Mme de Vandeul geht deutlich hervor,

3 William Chesselden: An Account of some Observations made by a young Gentleman, who was born blind, or lost his sight so early, that he had no Remembrance of ever having seen, and was couch'd between 13 and 14 Years of Age. In: Philosophical Transactions Numb. 402, For the Months of April, May and June 1728, S. 447–450.

4 Diderot fand seine Quelle in Voltaire: Éléments de la philosophie de Newton (1738). Eine sensualistische Diskussion in Etienne Bonnot de Condillac: Traité des Sensations, Paris 1754 (III. Teil, Kap. V). In Deutschland diente Chesseldens Text als Folie, den Kantischen Raumbegriff zu diskutieren. Vgl. Johann Georg Heinrich Feder: Über Raum und Causalität. Zur Prüfung der Cantischen Philosophie, Göttingen 1787, S. 57–59. Vgl. ferner die 1787/88 in Göttingen (gegen Feder) gehaltenen Kant-Vorlesungen von Gottfried August Bürger: Hauptmomente der kritischen Philosophie [Orig. Münster 1803], Berlin 1994, S. 154ff.

5 Michel Foucault: Die Geburt der Klinik. Eine Archäologie des ärztlichen Blicks, München 1973, S. 80.

6 Vgl. Diderots Artikel Art in: Diderot, d'Alembert (Hg.): Encyclopédie ou Dictionnaire raisonnée des sciences, des arts et des metiers, 1751–1780, Bd. I, S. 713ff. Malerei, Skulptur usw. werden im Artikel *Beau* abgehandelt.

7 Theodor Lücke: Schlussanmerkungen. In: Denis Diderot: Philosophische Schriften, hg. von Theodor Lücke, Berlin 1961, Bd. II, S. 597.

dass der Gastgeber geradezu auf die Unkenntnis seiner Gäste setzte, und zwar um sie täuschen zu können.

Es ergab sich nämlich im Verlauf der Szene, dass M. de Réaumur den vermeintlich Blinden schon bei früherer Gelegenheit vorgeführt hatte, und zwar im Salon der Mme Dupré de Saint-Maur. Die Erwartung einer visuellen Unschuld des ersten Blicks wurde bitter enttäuscht; empört verließ man das Haus. Diderots Tochter notierte: „Mon père sortit en disant que M. de Réaumur avait mieux aimé avoir pour témoins deux beaux yeux sans conséquence que des gens dignes de le juger."[8]

So verortet der Schlusssatz das Urteilsvermögen zwischen blinden Augen und schönen Augen, zwischen Physiologie und Ästhetik. In eben dieser Konstellation ist Diderots Weg zur bildenden Kunst präfiguriert. Im Übrigen ist aus dem Täuschungsversuch des Gastgebers zu ersehen, welch theatralisches Ereignis eine Blindenoperation im Jahre 1749 geworden war. Trotz – oder vielleicht wegen – seiner Enttäuschung hatte das Ereignis diskursive Folgen. Es provozierte Diderot zu seiner Publikation die *Lettre sur les aveugles à l'usage de ceux qui voient* (1749). In diesem Text findet sich ein Dialog zwischen Diderot und einem Blinden; sie sprechen über Spiegelbilder. Vergeblich suchte der Philosoph dem Blinden zu erklären, warum ein dreidimensionaler Körper im Spiegelbild nur noch zweidimensional ist. „Und da er (der Blinde; P.B.) nicht begriff, warum jenes andere Ich, das der Spiegel – seiner Meinung nach – hervortreten lässt, dem Gefühlssinn entgeht, sagt er: ‚Das sind also zwei Sinne, die eine kleine Maschine in Widerspruch bringt (deux sens qu'une petite machine met en contradiction).'"[9]

Welch geniale Antwort auf die Frage nach dem Bild! Was der Blinde über die kleine Maschine *Spiegel* sagte, gilt für alle Bildmaschinen, die dreidimensionale Körper in zweidimensionale verwandeln – man taucht die Arme vergeblich hinein. Denn die narzistische Umarmung des Spiegelbildes gelingt nach einem Wort Albertis einzig dem Maler[10], welcher durch den Pinsel ein taktiles Verhältnis zum Optischen wahrt. Allen anderen ist es Wahn, Hand anlegen zu wollen,

8 Memoires pour servir (s. Anm. 2), S. 21.

9 Denis Diderot: Brief über die Blinden. In: Diderot: Philosophische Schriften (s. Anm. 7), Bd. I, S. 54.

10 „Che dirai tu essere dipignere altra cosa che simile abracciare con arte, quella ivi superficie del fonte?" Leone Battista Alberti: Della pittura. In ders.: Kleinere kunsttheoretische Schriften, hg. von Hubert Janitschek [Orig. 1877], Osnabrück 1970, S. 93.

wo nicht mehr Körper ist, sondern Bild. Kurz: Es geht um „zwei Sinne, die eine kleine Maschine in Widerspruch bringt“. Das ist eine perfekte Definition. Es folgt im Übrigen eine überraschende Konsequenz daraus: Bilder anzuschauen besteht also nicht bloß in Wahrnehmung, sondern zugleich und immer in selektiver Nicht-Wahrnehmung.[11] Mit diesem Satz ist eine komplementäre Seite des Visuellen angesprochen, die pan-optische Phantasmen von Anfang an ausschließt. Diderots Gebrauch des Wortes *machine* bedarf einer Zusatzbemerkung. Es kann u.a. auf Gemälde angewandt werden, um Lichtführung und Komposition zu bezeichnen.[12] Bei der bekannten Neigung Diderots, Bild und Theater einander zu nähern, mag durchaus an die *Salle des machines* in den Tuilerien gedacht werden, kurz: an das Theater. Hier kann *machine* sowohl Bühnentechnik als auch Bühnenbild bedeuten. Die Doppelung einer technischen mit einer ästhetischen Seite ist festzuhalten; sie hat zu Problemen in den deutschen Übersetzungen geführt. Eine zweite Differenzierung ergibt sich in der *Lettre sur les Aveugles*. Dort führt der Terminus *machine* von Spiegeln zu Teleskopen und Mikroskopen, mithin zu einer weiteren Theatermaschine: der *lunette d'approche*, dem Opernglas. *Machine* kann demnach sowohl das Beobachtungsobjekt als auch das Beobachtungsmedium meinen. Für den Zusammenhang dieser Überlegungen ist es wichtig, dem Wort seine Mehrdeutigkeit zurückzugeben. Denn im Salon des Louvre werden uns *machines* sowohl in Gestalt theatralisierter Malweisen als auch im Sinne optischer Medien begegnen.

Physiologie

Die Analyse der Sinne, ihrer Verwerfungen und Überlagerungen hat Diderots Beschäftigung mit bildender Kunst stets begleitet. Hierbei ist bemerkenswert, in welchem Maße dieser sensualistische Philosoph dem Ensemble der Sinne misstraut hat. „Die Hilfe, die unsere Sinne sich gegenseitig leisten, verhindert übrigens ihre Vervollkommnung. Ich werde noch öfter Gelegenheit haben, diese

11 „Existence is a selective blindness,“ heißt es in lakonischer Knappheit bei George Spencer Brown: Gesetze der Form, Lübeck 1997, S. 194. Vgl. insgesamt Peter Bexte: Blinde Seher. Wahrnehmung von Wahrnehmung in der Kunst des 17. Jahrhunderts. Mit einem Anhang zur Entdeckung des blinden Flecks im Jahre 1668, Dresden 1999.

12 „Sa machine est grande“, heißt es im *Salon de 1761* von dem Maler Doyen (Diderot: Oeuvres complètes [s. Anm. 2] Bd. XIII, S. 256). Vgl. den *Encyclopédie*-Artikel: „Machine, (Peinture): terme dont on se sert en peinture, pour indiquer qu'il y a une belle intelligence de lumière dans un tableau. On dit voilà une belle machine; ce peintre entend bien la machine. Et lorsqu'on dit une grande machine, il signifie non seulement belle intelligence de lumière, mais encore grande ordonnance, grande composition.“ (Encyclopédie [s. Anm. 6] Bd. IX, S. 798).

Bemerkung zu wiederholen."[13] An späterer Stelle vergleicht er die Wahrnehmungen mit einem Gastmahl, bei dem die Seele an einer lärmenden Tafel sitze: Die fünf Sinne tischen auf und der Gast namens Seele kann sich in dem Lärm stets nur mit einem einzigen Nachbarn unterhalten. Diderot bemerkt dazu: „Wir hören auf zu sehen, sobald wir hören."[14] Man fragt sich, was er in der Oper tat. Und warum sind seine Bildbeschreibungen so voller akustischer Assoziationen? Diderot experimentiert. In seiner posthum erschienenen Schrift *Elemente der Physiologie* finden sich sehr eigentümliche Überlegungen zum Thema Wahrnehmung. So notierte er: „Das Auge führt uns. Wir sind der Blinde, das Auge ist der Hund, der uns führt."[15] Es ist ein Satz, wie er in einem Handbuch der Emblematik stehen könnte, als Subscriptio zu dem Rätselbild eines entkörperlichten Auges, das in neue Verkörperungen schlüpft. Diderot hat sich gefragt, wie man bei völliger Geistesabwesenheit ganz Paris durchwandern könne, ohne in den eigenen Tod zu laufen. Er folgerte daraus: „Das Auge ist ein Lebewesen innerhalb eines Lebewesens", wobei er hinzufügte: „Wie trügerisch wäre dieses Organ, wenn sein Urteil nicht unaufhörlich vom Gefühlssinn berichtigt würde!"[16] Genau diese Korrekturmöglichkeit aber war ja das Problem.

Molyneux hatte das Zusammenspiel der Sinne in Frage gestellt, und Diderot hat diese Fragestellung aufgegriffen. Seine Wahrnehmungslehre zielt nicht auf den einzelnen Sinn, sondern fragt nach dem Zusammenspiel bzw. Widerstreit mindestens zweier Sinne. Diderot erweist sich hier wie überall als Denker der Beziehungsgefüge, der *rapports*.

Augengläser im *Salon de 1763*

Von 1759 bis 1781 hat Diderot neun *Salons* für Grimms *Correspondance littéraire* verfasst, die im europäischen Adel zirkulierte und keineswegs veröffentlicht wurde. Besondere Zuneigung galt den Seestücken und Hafenbildern des Claude-Joseph Vernet (1714–1789). Ein Bild von Vernet hing in Diderots Arbeitszimmer; er hat sich emphatisch dazu geäußert.[17] Strategisch war er bemüht, Vernets Seestücke zu Historienbildern zu erklären und also zu adeln. Angesichts der

13 Diderot: Brief über die Blinden (s. Anm. 9), S. 55.

14 Denis Diderot: Elemente der Physiologie. In: Diderot: Philosophische Schriften (s. Anm. 7), Bd.I, S. 679. Die Schrift entstand 1774 bis 1780, sie wurde erst 1875 aus dem Nachlass publiziert.

15 Diderot: Elemente der Physiologie (s. Anm. 14), S. 679.

16 Diderot: Elemente der Physiologie (s. Anm. 14), S. 679.

17 Denis Diderot: Gründe, meinem alten Hausrock nachzutrauern, Berlin 1991, S. 9–12.

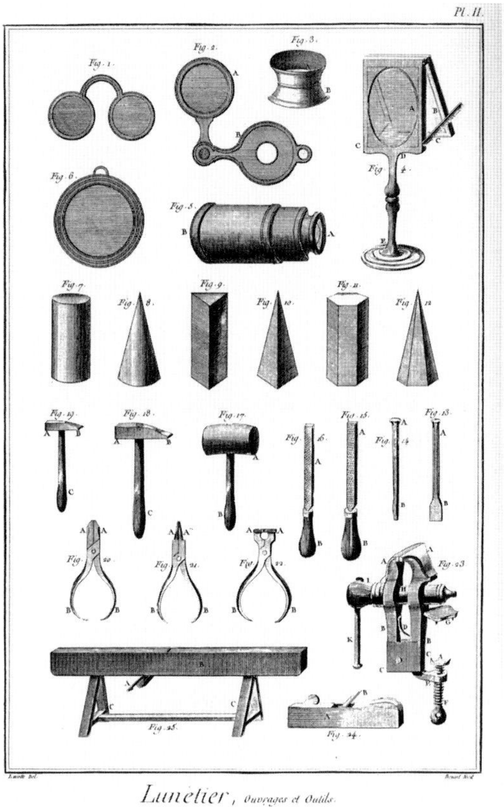

Abb. 1: Die Kupfertafel *Lunetier, Pl. II* zeigt als Fig. 1, 2 und 5 drei Formen von *Lunettes*, wie Diderot sie im *Salon de 1763* eingesetzt haben könnte: „Fig. 1. Lunettes appellées *bésicles* montées en corne ou écaille. - Fig. 2. Lunettes simples montées en corne ou écaille. A la lunette. B. l'etui. - Fig. 3. Loupe. A le verre. B. la monture en bois. - Fig. 4. Verre d'optique monté, appellé vulgairement *optique*. A le verre. B. le mirroir pour renvoyer les objets par réflexion. CC les crémaillieres. D la monture. E le pié. - Fig. 5. Lunette d'aproche appellée *lorgnette d'opera*. A côté de l'oculaire. B côté de l'objectif."

Vernet'schen Exponate im *Salon de 1763* schrieb er begeistert: „Welch unermeßliche Mannigfaltigkeit von Szenen und Gestalten! Welches Wasser, welcher Himmel, welche Wahrheit, welche Magie, welcher Effekt!"[18] Die Nähe von Wahrheit und Magie hat den Ex-Jesuiten offensichtlich nicht gestört. Vielmehr hat er sie an einem Bild erprobt, und zwar an Vernets Gemälde *Vu du port de La Rochelle* (Tafel 5).[19]

Das Bild wurde im *Salon de 1763* gezeigt. Dort erschien Diderot mit einer optischen *machine*, einer *lunette* (Abb. 1). Er schrieb: „Betrachten Sie den *Hafen von La Rochelle* durch ein Lorgnon (avec une lunette), das das Feld des Bildes umfaßt und den Rahmen ausschließt, und Sie werden plötzlich vergessen, daß Sie ein Gemälde prüfen, und werden ausrufen, als stünden Sie auf einem Berg als Betrachter der Natur selbst: ‚Oh, die schöne Aussicht!'"[20]

Der Blick von Höhen in die Ferne war seit Petrarcas Bergbesteigung in die kulturelle Wahrnehmung aufgenommen worden; Alois Riegl sollte ihn später zum Charakteristikum der Moderne schlechthin erklären.[21] Diderot aber evoziert diesen Blick durch ein optisches Medium im Salon. Dabei notiert er zwei Verwerfungen: den Ausschluss des Rahmens und das Vergessen des Gemäldes. Auf dieser doppelten Verneinung gründet der Effekt des Mediums (das seinerseits vergessen wird): Die optische *machine* entgrenzt die *machine peinture*. Diese wird so unsichtbar, dass sie als Natur erscheint. So erweist sich fast erschreckend deutlich, dass ein oben aufgestelltes Kriterium bestätigt wird: Selektive Nicht-Wahrnehmung generiert diese Wahrnehmung. Die Lehre des Blinden trägt Früchte.

Im nämlichen *Salon de 1763* hatte der für seine moralischen Rührstücke bekannte Jean-Baptiste Greuze (1725–1805) unter anderem ein Porträt seiner Gattin ausgestellt. Für den Anblick dieses Bildes empfahl Diderot folgende Versuchsanordnung: „Bringen Sie zwischen dieses Portrait und sich die Treppe, betrachten Sie es durch ein Vergrößerungsglas (avec une lunette), und Sie werden die Natur selbst sehen."[22] Da es im Salon des Louvre keine architektonische Treppe gab, muss eine Art Stehleiter gemeint sein, auf der sich hoch gehängte Bilder aus gleicher Höhe betrachten ließen. Diderots Beschreibung sagt leider nichts über den Abstand zum Bild. So bleibt bedauerlicherweise unklar, ob das Wort „zwischen" eine Annäherung oder eine Distanzierung meint. Genau in dieses Verhältnis von Nähe und Ferne greifen Medien ein. Dabei hat Diderot durch die *lunette* nicht etwa die Materialität des Bildes, seine Pigmente usw. entdeckt, sondern *die Natur selbst*. Sie erscheint als Landschaft oder als Frau, in beiden Fällen aber als Effekt eines medialen Spiels, mit dem Diderot vor Kunstwerken experimentierte. Die Überbrückung optischer Distanz bei Unterbrechung taktiler Kontakte ist der sensualistisch entscheidende Effekt geschliffener Gläser: Sie verrücken das Verhältnis von Auge und Hand. „Das sind also zwei Sinne, die eine kleine Maschine in Widerspruch bringt." Was Alois Riegl den modernen *Fernblick* nennen sollte, hat kulturgeschichtlich erst erprobt werden müssen. Eben darauf hat Diderot sich eingelassen und eine mediale Konstruktion dieses Blickes vorgeführt. Darin liegt ein fundamentaler Unterschied zu seinem Bewunderer Johann Wolfgang Goethe. In dessen Schriften liest man den abwehrenden Satz: „Mikroskope und Fernröhre verwirren eigentlich den reinen Menschensinn."[23] Es ist das Pendant

18 Denis Diderot: Salon von 1763. In: Diderot: Ästhetische Schriften, hg. von Friedrich Bassenge, Berlin/Weimar 1967, Bd. I, S. 458.

19 Es war das dreizehnte von fünfzehn Hafenbildern, die Vernet in königlichem Auftrag malte. Es erscheint als Nr. 760 im *Catalogue Raisonné* bei Florence Ingersoll-Smouse: Joseph Vernet (1714–1789). Peintre de Marine, Paris 1926, Bd. I, S. 94, Nr. 760 (Abb. 191). Vgl. auch Laurent Manoeuvre: Joseph Vernet. Les Ports de France, Arceuil 1994, S. 127–132.

20 Diderot: Salon von 1763 (s. Anm. 18), S. 460. Die Standardübersetzung bringt *Lorgnon* für *lunette*, obwohl *lunette* Verschiedenes bedeutet.

21 Alois Riegl: Historische Grammatik der bildenden Künste, Graz/Köln 1966, S. 287ff. Alois Riegl: Die Stimmung als Inhalt der modernen Kunst (Orig. 1899). In: Alois Riegl: Gesammelte Aufsätze, Berlin 1995, S. 28–39.

22 Diderot: Salon von 1763 (s. Anm. 18), S. 467. Die Standardübersetzung bringt *Vergrößerungsglas* für *lunette*, was irreführend ist, denn es könnte auch ein Opernglas gemeint sein: eine *lunette d'approche*.

23 Johann Wolfgang von Goethe: Maximen und Reflexionen. In: Goethes Werke, Weimar 1887–1919 (= Weimarer Ausgabe), II. Abt., 42. Bd., Weimar 1907, S. 174.

zum Diktum des Blinden. Die Verwirrung der Sinne durch kleine, zwischengeschaltete Maschinen hat Goethe entsetzt, Diderot hingegen zu Experimenten verlockt.

Das Ergebnis dieser Experimente ist verblüffend. Es lautet: Kunst und Natur sind dasselbe – sofern man beide auf die nämliche Art anschaut. Der Erscheinungsraum aber dieser optischen Abstraktion ist der Luftraum. „Reisen Sie aufs Land! Richten Sie Ihre Blicke auf das Himmelsgewölbe, beobachten Sie genau die Erscheinungen jedes Augenblicks, und Sie werden schwören, daß man aus der großen leuchtenden Leinwand dort oben, die von der Sonne bestrahlt wird, ein Stück herausgeschnitten habe, um es auf die Staffelei des Künstlers (=Vernet; P.B.) zu legen. Oder schließen Sie umgekehrt Ihre Hand wie zu einem Fernrohr, das sie nur einen begrenzten Raum der großen Leinwand dort oben erblicken läßt, und Sie werden schwören, das sei ein Gemälde von Vernet, das man von seiner Staffelei genommen und auf den Himmel übertragen habe.“[24]

Im Luftraum tauschen sich die Bilder als Bilder. Die Passage liest sich wie ein Kommentar zu René Magrittes bekanntem Bild *La Condition humaine* (1931), auf welchem eine Staffelei mit Landschaftsbild vor einer Landschaft steht, die bruchlos auf der Staffelei ihre Fortsetzung findet. Diderot hat Ähnliches im Durchblick durch optische Instrumente, ja selbst durch die bloße Hand entdeckt.[25] Auch dabei erscheinen Kunst und Natur als Bild im Bild, das heißt als zweimal dasselbe.

Die Erprobung der Sinne zur Entdeckung von Natur lag um 1750 ‚in der Luft'. Der zeitgenössische Blindendiskurs hatte das Sehen problematisiert und es zum Experimentierfeld gemacht. Diderot ist dabei auf ein merkwürdiges Phänomen gestoßen: Wahrnehmung von Natur und Kunst oszillierte im Blick durch ein optisches Instrument. Trotz aller gegenteiligen Beteuerungen war nicht mehr Nachahmung der Natur das Thema, sondern die Erprobung dieser Blicke. In ihnen wurde generiert, was als *nature même* erschien und innerhalb des optischen

24 Denis Diderot: Salon von 1765. In: Diderot: Ästhetische Schriften (s. Anm. 18), Bd. I, S. 548f.

25 Der Locheffekt der bloßen Hand ist im 18. Jahrhundert nicht nur von Diderot entdeckt worden sondern auch von dem Hamburgischen Dichter Barthold Heinrich Brockes (1680–1747). Vgl. sein Gedicht „Bewährtes Mittel für die Augen“, cit. Friedrich Kittler: Optische Medien, Berlin 2002, S. 113. Die Praxis, Bilder durch Röhren anzuschauen, scheint in den Museen des 19. Jahrhunderts verbreitet gewesen zu sein. Der Kulturgeschichtler Friedrich von Hellwald schrieb 1874 über Wahrnehmungen „mittels langer Röhren, womit man ehemals die Sterne beobachtete, wie wir etwa die Gemälde auf dem Museum durch Pappröhren ansehen.“ Cit. Ernst Kapp: Grundlinien einer Philosophie der Technik, Braunschweig 1877, S. 78.

Mediums sich dem Artefakt annäherte. Indem hier eine Differenz nicht mehr beobachtet werden konnte, zeigte sich das Prinzip selektiver Nicht-Wahrnehmung als konstitutiv für medial vermittelte Wahrnehmung. Diderot hat diese Erfahrung emphatisch begrüßt, Goethe hat sie abgelehnt, der Romantiker E.T.A. Hoffmann hat den Wahnsinn daraus hervorgehen lassen. In seiner Erzählung *Der Sandmann* (1815) weiß die männliche Hauptfigur im Blick durch das Sehrohr nicht zu unterscheiden, was Automatenleib und was natürlicher Körper der Geliebten sei.

Philip Steadman

Vermeer and the Problem of *Painting* Inside the Camera Obscura

Introduction

The first suggestion that the Dutch artist Johannes Vermeer (1632–1675) might have used some optical instrument as an aid to painting was made as long ago as 1891, in an article published, significantly, in the *British Journal of Photography*.[1] Over the following hundred years, a series of writers developed this idea, pointing to the 'photographic perspective' of Vermeer's compositions, his rendering of numerous passages seemingly out of focus, and, most telling, his reproduction in paint of certain artefacts of lenses that would not be seen with the naked eye.[2] By the late 20th-century the idea that Vermeer had – in some way – made use of the camera obscura had become widely accepted by art historians (with a few strongly dissenting voices).

This old question is approached here from a new direction, through an analysis of the perspective geometry of the spaces depicted in the artist's pictures of domestic interiors.[3] The paper explains how this geometry suggests strongly that Vermeer made use of a booth-type camera obscura with which he projected images onto the booth's back wall and traced them. Much evidence of the kind already mentioned suggests however that he did not just observe the camera image and draw from it, but went on to *apply paint*. On the face of it, there would seem to be serious difficulties in the way of painting inside a camera obscura, not the least of which is the lack of light. The paper proposes a method by which Vermeer could have overcome these obstacles.

Reconstructing a room shown in Vermeer's paintings

Eleven of Vermeer's interiors show an appreciable area of tiled floor. This makes it possible to employ a method of 'reverse perspective' to reconstruct the three-dimensional geometry of the room or rooms in question, together with all their furniture and fittings. In general, in such a process of reconstruction, it is impossible to determine the precise *scale*, only the relative sizes of objects, although guesses can be made on the basis of typical heights of standing figures, typical heights of tables, and so on. With Vermeer however the situation is different, since he introduces into his compositions a large number of recognisable real

1 Joseph Pennell: Photography as a Hindrance and a Help to Art. In: British Journal of Photography Vol. XXXVIII, 1891, No.1618, pp. 294–296.

2 For a full account see Philip Steadman: Vermeer's Camera, Oxford 2001, Chapter 2: The Discovery of Vermeer's Use of the Camera, pp. 25–43.

3 See Steadman: Vermeer's Camera, Chapter 5: Reconstructing the Spaces in Vermeer's Paintings, pp. 73–100.

objects, examples of which can be found today in museum and library collections. Such objects can be measured, and compared with the dimensions of Vermeer's versions as estimated from the perspective calculations. This assumes of course that he represented them at their true sizes.

It turns out that, geometrically speaking, the rooms shown in ten of these pictures are *one and the same room*. *The Music Lesson* gives the best overall view (Plate 6). In two other pictures where the beamed ceiling is visible, its design and the overall height of the room are the same as in *The Music Lesson*. The floor itself is always covered in square tiles set on the diagonal. The patterns and the sizes of the tiles vary, admittedly. Most of the pictures show large marble tiles as in *The Music Lesson*; but in two paintings the tiles are ceramic, and only half the size of the marble. Nevertheless the underlying *grid* remains the same throughout. Where windows are visible in the wall at the left, they always have a very distinctive pattern of decorative leading, composed of square and circular elements, in the lower casements. The far wall is always blank, without doors or windows.[4]

In the perspective reconstructions these architectural features all turn out to have the same measurements in the different pictures – with certain minor anomalies. Pieces of furniture that feature in more than one painting retain the same dimensions wherever they appear. Real objects whose sizes are known from independent sources are depicted by Vermeer, for the most part, at those actual dimensions. Indeed it is very remarkable how many of the items of furniture and other 'props' depicted by Vermeer have now been identified, and copies, or the originals, located.[5] These include two designs of chair – one with brass lions' heads decorating the backs, the other covered in tapestry; a very distinctive table, which appears in five different pictures; the virginals in *The Music Lesson*, recognisable as the work of the Antwerp firm of Ruckers; at least four of the paintings by other artists seen hanging on the far wall; all five of the printed wall maps; and the two globes, terrestrial and celestial. The maps and globes in particular are reproduced with extraordinary fidelity.[6] Other identifiable objects were made in large numbers and in standard sizes, as for example the stringed musical instruments, and the Delftware tiles that form the room's

4 The eleventh painting whose scene can be reconstructed, The Love Letter, has – uniquely – a fireplace set into this wall. This and other evidence suggests that it perhaps shows a different room altogether.

5 For a more extended discussion, see Philip Steadman: Allegory, Realism, and Vermeer's Use of the Camera Obscura. In: Early Science and Medicine, forthcoming.

6 James Welu: Vermeer: His Cartographic Sources. In: Art Bulletin, Vol. 57, 1975, pp. 529–547.

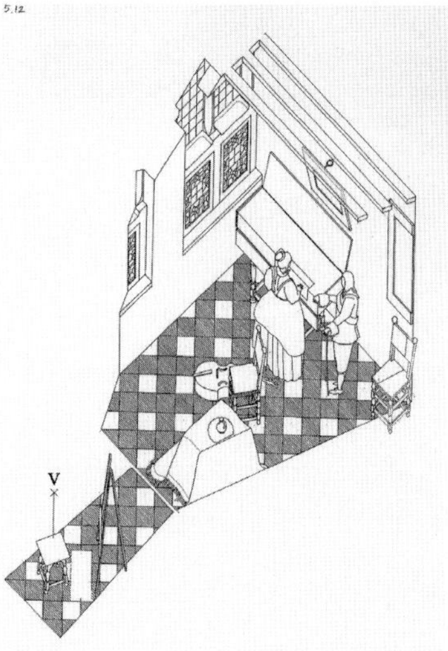

Fig. 1: Bird's eye view of the space of *The Music Lesson*, including the part of the room visible only in the mirror. The picture's theoretical viewpoint is at V.

skirtings in three pictures. Vermeer's compositions are *tableaux*, set up by arranging real furniture, real objects and (presumably) real human models. But was the setting for these *tableaux* itself an actual room?

The location of Vermeer's studio

The back wall behind Vermeer's viewpoint, behind us the viewers of the picture, is never directly visible; but the reflection of a very small part can just be made out at the extreme top left corner of the mirror hanging above the virginals in *The Music Lesson*. From the mirror image, it is possible to reconstruct the back part of the room, and find the wall's position. Figure 1 gives a bird's eye view of the entire space, both the part seen directly and the part seen in the mirror. The overall length of the room turns out to be 6,6 metres.

All of the ten pictures in this group were painted, it is thought, between 1658, or thereabouts, and the end of Vermeer's life in 1675. During all this time Vermeer was living with his wife Catharina in the house of her mother Maria Thins, on the Oude Langendijk in Delft. From the inventory of the contents of the house made after Vermeer died we know that he used a room on the first floor at the front of the house as a studio.[7] This makes sense: the windows would have faced north, towards the New Church. The house was demolished in the 19th-century. But in 2001 the Dutch architectural historian Ab Warffemius published a very convincing reconstruction based on the probate inventory together with maps and a contemporary drawing showing the north facade.[8] Warffemius calculated that the first-floor room was 6,6 metres in length – the dimension obtained independently from the perspective reconstruction – and that the ceiling was at a similar height to that of the room reconstructed from the paintings. He also determined that the ceiling beams would have run in the direction shown in *The Music Lesson*. It is very difficult to resist the conclusion that the room seen in the paintings is indeed the studio in Vermeer's mother-in-law's house.

7 The inventory is reproduced in John Michael Montias: Vermeer and his Milieu: A Web of Social History. Princeton 1989, pp. 339–344. 'First floor' here is used in the English, not American sense, of the first storey above ground.

8 Ab Warffemius: Jan Vermeers Huis. Een Poging tot Reconstructie. In: Delfia Batavorum. Elfde Jaarboek 2001, Delft 2001, pp. 60–78.

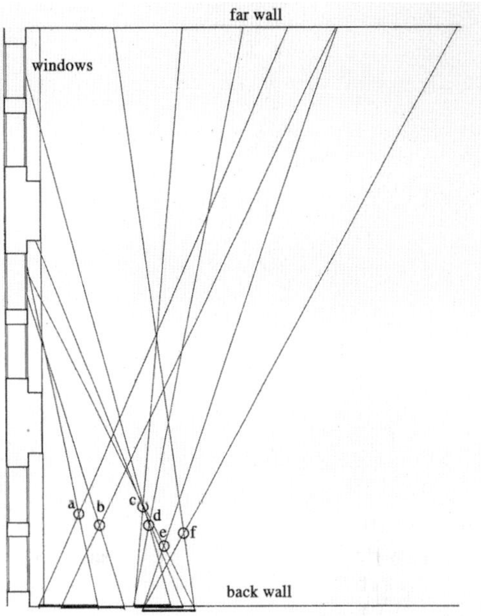

Fig. 2: Plan of the room shown in ten of Vermeer's interiors. The circles mark the viewpoints of six paintings: (a) *The Girl with a Wineglass*, (b) *The Glass of Wine*, (c) *Lady Writing a Letter, with her Maid*, (d) *Lady Standing at the Virginals*, (e) *The Music Lesson*, (f) *The Concert*. The diagonal lines mark the extent of what is visible in each picture.

Vermeer's camera obscura

Figure 2 gives a plan of the room showing the window wall, the far blank wall, and the back wall glimpsed in the mirror. The small circles mark the viewpoints of six of the paintings in question, and the diagonal lines mark the 'pyramids of vision' – that is, the extent of what is visible in each picture. If these lines are carried back to meet the back wall, they define a rectangle on that wall. *In all six cases, this rectangle is the same size as Vermeer's canvas.*[9] Here is the strongest kind of evidence one could wish for that the artist used a camera obscura, of the simplest kind: a closed booth inside which he worked, with a lens in the front wall of the booth, casting an image onto a screen on the back wall. Each canvas is the same size as the projected image, because Vermeer has traced it.

Figure 3 gives an indication of what the camera booth might have looked like. The viewpoints of the six pictures are not in exactly the same position, as Figure 2 illustrates. Vermeer moves backwards and forwards by some 50 cm, and laterally over a larger distance. The heights of the viewpoints also vary slightly. Clearly the lens position could be adjusted. Perhaps it was held in some kind of moveable frame, and the rest of the front of the booth was curtained. The cubicle is some 90 cm deep: not very spacious, but sufficient to sit and work in comfort. The image in a camera obscura of this kind is both upside down, and reversed left-to-right. That is to say, if a tracing is made and turned right way up, the picture obtained is a mirror image. The inversion of the image would have been inconvenient at worst. Photographers who use large plate cameras become accustomed to working with inverted images. There was a time when figurative artists were encouraged to turn their canvases upside down every so often to judge the composition. The mirror reversal is more problematic. There are

9 Steadman: Vermeer's Camera, Chapter 6: The Riddle of the Sphinx of Delft, pp. 101–117.

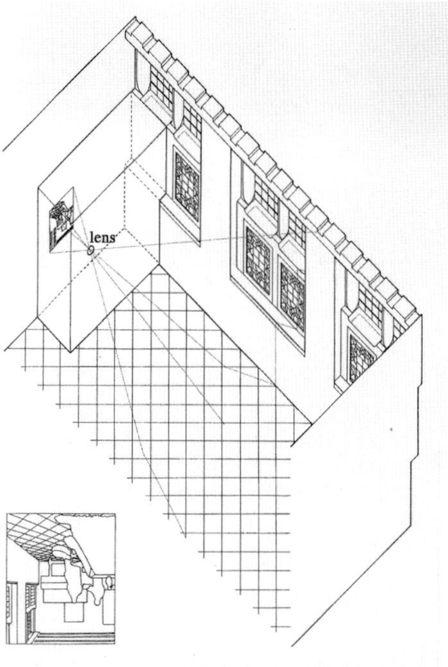

Fig. 3: Possible arrangement for Vermeer's camera obscura in the form of an enclosed booth with the lens in the front wall, projecting an image onto the back wall. The image is upside down and mirrored, as shown in the inset version of *The Music Lesson*.

however at least two ways in which the problem could have been overcome.
Suppose Vermeer had traced the optical image onto a piece of paper fixed to the back wall of his booth, as in Figure 3. The result would have been a drawing reversed left-to-right relative to the real scene. For some objects this would have been unimportant. But asymmetrical items like the virginals in *The Music Lesson*, as well as the hanging maps and the 'painted paintings', would all have been mirrored. Most important, Vermeer could not have hung his canvases on the wall and traced directly on to them; for then he would have obtained images mirrored relative to the paintings we know.
Vermeer could, in principle, have avoided this dificulty by making a tracing on paper, and then transferring this traced outline to his canvas by one of the standard studio methods, such as pricking the lines with a sharp point and sifting powdered charcoal ('pounce') through the holes. If he had *turned the drawing over* before pouncing, the effect of mirroring introduced by the camera would have been reversed, and the image would have been rectified. Much of the literature of the camera obscura concentrates on its value to the artist as a means for tracing images and so obtaining accuracy of outline and perspective. A camera configuration like that in Figure 3 can certainly be used for this purpose. The method is, in general, perfectly practicable. In Vermeer's case however there are two large objections.
The first is that there are absolutely no traces of drawn outlines under Vermeer's paint, nor are there any surviving preparatory drawings. This fact presents serious problems to those historians who argue that Vermeer set up his extremely accurate perspectives geometrically, rather than obtaining them from camera images. What is more, Vermeer seems often to be relatively unconcerned with linear outline, with sharp definition of the boundaries of forms. As Lawrence Gowing says, he shows an "almost solitary indifference to the whole

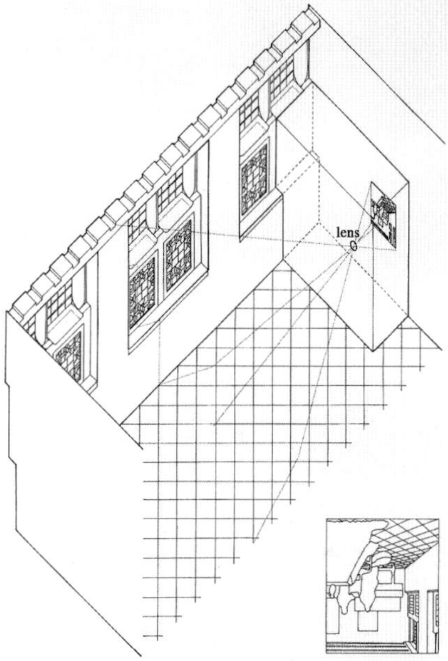

Fig. 4: Alternative possible arrangement for Vermeer's camera. The booth is identical to that shown in *Figure 3*, but at the opposite end of the room. The resulting image is still upside down, but it is not now mirrored relative to Vermeer's paintings, as shown in the inset version of *The Music Lesson*.

linear convention and its historic function of describing, enclosing, embracing the form it limits"[10]. If the tone and hue of a sitter's nose are identical to the tone and hue of the cheek beyond, Vermeer will carry the paint across without marking the nose's outline.

The second issue is that much of the evidence from Vermeer's painted treatment for his use of the camera carries the powerful implication that he was not just tracing, but somehow *applying paint* directly under the projected image. Why otherwise would he be imitating in pigment the special qualities of the optical image – the loss of focus, the artefacts of lenses? That artists *painted* from optical images is strongly hinted, and at many points explicitly stated, throughout David Hockney's *Secret Knowledge*, despite the fact that the accompanying BBC film showed Hockney using optical instruments only for tracing.[11] But how could this be possible? One major obstacle would seem to be that, working in the darkness of his camera cubicle, a painter could not see the colours of his pigments.

Projecting a correctly-oriented image onto the canvas

In the case of Vermeer there is the further problem of mirror reversal, as we have seen. In the design of camera of Figure 3, if he had hung his canvas on the back wall and painted directly onto it, under the optical projection, then that image would have been reflected left-to-right. Recently I have been experimenting with another configuration of room and camera in which these apparently conflicting requirements can – up to a point – be reconciled. Figure 4 shows the

10 Lawrence Gowing: Vermeer (original edn. 1952), London 1970, p. 20.

11 David Hockney: Secret Knowledge. Rediscovering the Lost Techniques of the Old Masters, London and New York 2001.

arrangement. It is identical to that of Figure 3, with the one difference that the *camera booth has been moved to the opposite end of the room*. The window wall of Vermeer's studio was symmetrical, with its three identical regularly spaced windows. Let us assume that both end walls were blank, without openings. Suppose Vermeer put a piece of paper on the new 'back wall' and traced. The windows are on the right of the view seen by someone looking directly from the camera end of the room. But the camera lens reverses the image right-to-left again; so that the resulting projected image has the same orientation – with the windows on the left – as in Vermeer's paintings. Vermeer could have hung a canvas on the back wall of this camera, and painted.

The alert reader will have spotted one remaining problem. Vermeer might have been able to 'mirror' his entire studio by moving to the other end; but his maps and virginals would have remained unchanged, and in the camera of Figure 4 their images would still come out reversed left-to-right. The art historian James Elkins points out however that Vermeer could easily have asked his models to hold musical instruments or glasses of wine in their left hands.[12] As for the maps and 'painted paintings', almost without exception these are hung on the far wall and are seen frontally. Hence their images are perfect rectangles. Elkins suggests that Vermeer made copies of the images of each map or painting separately, using his camera, flipped them over, and reinserted them, correct way round, into the appropriate rectangular spaces. The maps – with one exception – are all highly detailed and crisply rendered.[13] There is little change in tone across their surfaces, and the detail, by contrast with other parts of the paintings, is predominantly linear with some areas coloured in flat tints. Thus a method of transcription by tracing outlines could have been quite adequate and appropriate. If each map was indeed traced independently of the remainder of the scene, it could have been very brightly lit for the purpose.

Experiments with a large camera obscura

I have built a camera obscura to the design of Figure 4 and installed it in a room that has dimensions, and a beamed ceiling, similar to Vermeer's studio (fig. 5).[14] The camera has a simple biconvex glass lens of 9 cm diameter and 70 cm focal length, appropriate to the distances between principal subject, lens and screen.

12 James Elkins, personal communication, 2001.

13 The exception is the map seen very obliquely and rendered very obscurely in The Love Letter.

14 But it has only the one central window.

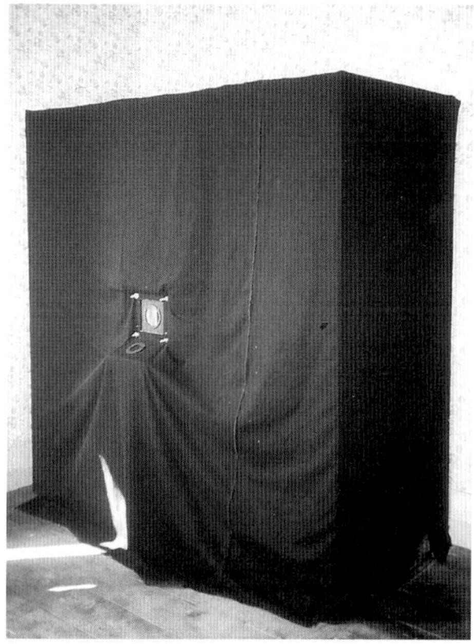

Fig. 5: Actual booth-type camera, similar to *Figure 4*, built by the author.

The booth is 2 m high x 2 m wide x 90 cm deep, with a metal framework covered in cloth (Plate 7). The lens is supported in the carcase of an old photographic plate camera, whose racks and pinions can be used to adjust the lens position. I have been making some preliminary experiments with tracing and painting 'Vermeer-like' scenes of furniture and still life compositions – although much more work is needed. Tracing outlines is quite unproblematic. One difficulty arises immediately, though. The diameter of the lens must be large, to admit sufficient light. But as a consequence, the depth of field is limited; and it is necessary to adjust the lens in order to get objects at different depths in the scene into sharp focus. This in turn creates small changes in the sizes of those objects' projected images.

Vermeer's problems with depth of field

It is, I believe, possible to see Vermeer struggling with, and gradually overcoming some of these difficulties with depth of field in the earliest pictures made in the studio at Maria Thins's house. These include *The Glass of Wine* (c.1658–60), *The Girl with a Wineglass* (c.1659–60, Plate 8) and *Girl Interrupted at her Music* (c.1660–61). Figure 6 shows a reconstruction of one of these scenes in plan view. In all three cases the figures and the most prominent pieces of furniture and 'props' are grouped closely together opposite the central window. This would be a well-lit part of the room, in any case. But this grouping in depth would also have eased Vermeer's problems of focus. In all three pictures there are 'painted paintings' on the far wall, but all are rendered very darkly, with little legible detail.[15] Could this be because Vermeer focussed his lens on the middle ground, and the far wall was then seriously out of focus?
Indeed, throughout the whole group of ten pictures, the sitters and furniture are

15 As a consequence, the real prototypes in two of these cases have not been identified. The painting of Cupid in *Girl Interrupted at Her Music* is recognisable – and has been attributed to Caesar van Everdingen – only because Vermeer also introduces it into *Lady Standing at the Virginals*, where it is much more clearly reproduced.

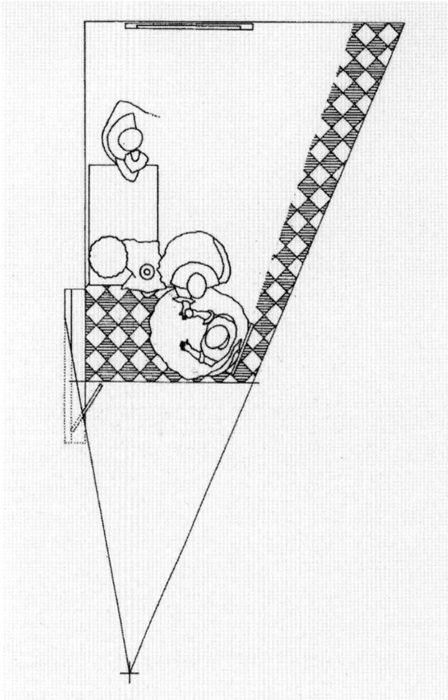

Fig. 6: Plan views of the space shown in *The Girl with a Wineglass*.

always concentrated either opposite the far window (as in *The Music Lesson*) or by the central window (as in *The Girl with a Wineglass*). The few exceptions are provided by pieces of furniture placed in the foreground to serve as *repoussoirs*, but these tend to be very poorly illuminated, often in silhouette, or else rendered out of focus. This compositional habit of Vermeer's leads typically to the effect remarked on by André Malraux, of a *layering* of the scene "in large planes perpendicular to the spectator"[16]. It must be the case nevertheless that, in the later paintings, Vermeer managed to develop a procedure by which he could progressively refocus at different depths in the same scene. In *The Music Lesson* for example the carpet thrown over the table in the near foreground is in sharp focus, as are the virginals and mirror reflection at the far end of the room. There is the further question of the tiled floors. These stretch always, of course, from front to back of the scene, and *must* have been traced and/or painted with the camera lens in one fixed position, without change of focus, otherwise their perspective lines would have been broken and bent. Perhaps the black and white 'marble' tiles were, in part, a device to help with this process. Of all patterns, such a sharply contrasted chequerboard would have remained visible in the camera image under very low light. Vermeer could have stopped down his lens – reduced its aperture – so increasing the depth of field. The image would have been dim, but in focus throughout, and so still discernible and traceable.

The process of painting inside the camera

In conclusion, what of the key question, of applying paint inside the camera? We have seen how Vermeer could have devised a camera configuration in which it was possible to project the optical image directly onto his canvas. The first layer of paint that Vermeer applied was always in monochrome – generally dark blue or dark brown – over a light ground. This under-painting is not some kind of approximate sketch, as other painters might make. It corresponds closely to the

16 André Malraux: Les Voix du Silence (original edn. 1951), trans. by Stuart Gilbert as: The Voices of Silence, London 1954, p. 478.

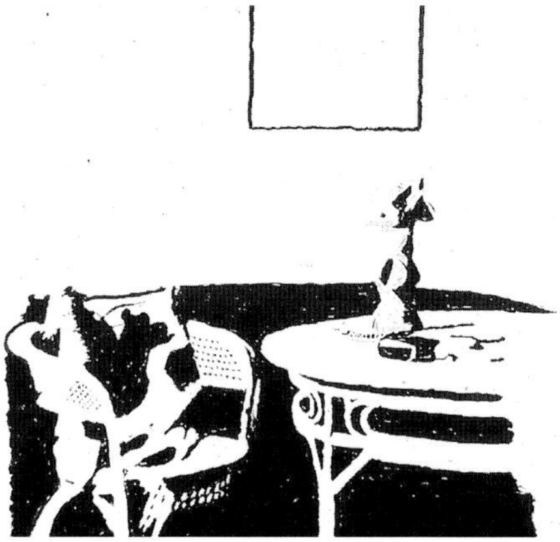

Fig. 7: 'Painting' in black ink on white paper made by the author from a projected image using the camera of *Figure 5* and *Plate 7*.

patterns of lights and darks in the final picture; like a very high-contrast photographic print where all the middle tones have been removed. Gowing was quite clear in his mind that what Vermeer was doing here was transcribing tonal values straight from the optical projection. As he puts it: "We are in the presence of the real world of light, recording, as it seems, its own objective print."[17] I have been trying to do this in my own camera, working in black ink on white paper. Figure 7 shows one attempt, executed quite rapidly. The method is evidently feasible, although it is not so easy, working in the dark, to know which parts of the image one has transcribed, and which remain.

What about painting in *colour*? Gowing is bold enough to suggest that Vermeer himself did this. "Very possibly the darkness of the instrument's image did not prevent him from using it in the actual execution of many parts of the pictures that we now know."[18] For myself I would reject the idea out of hand if I had not seen a remarkable demonstration by the German painter Carsten Wirth in Ghent in 2003.[19] Wirth paints naturalistic portraits and still-lifes with the aid of a large cubicle camera. Unlike Vermeer he uses a system of 45-degree plane mirrors to produce an image with the same orientation as the subject (and right way up), under which he can place his canvas. Once the painting is in progress, he can view the optical projection on its own by placing a sheet of white card over the canvas; or he can see the painting on its own by turning on an electric light. Wirth does not just paint preliminary layers in monochrome. Very remarkably, he goes on to apply colours, in the semi-darkness. Still later he paints in colour direct from the subject, in full light. The reason he can do this, I believe, is that he is not trying to match the tonality of the camera image *and* the hue at one and the same time. First he matches the tonality in monochrome, and then he applies semi-transparent coloured layers, working from memory. Wirth simply *knows* that his sitter has brown hair, his shirt is green, and so on. Of these two luminous

17 Gowing: Vermeer, pp. 137–138.

18 Gowing: Vermeer, p. 23.

19 At the European Science Foundation workshop 'Optics, Optical Instruments and the Hockney-Falco Thesis Revisited', Ghent, Belgium, 12–15th November 2003.

constituents of appearances, it is truth to *tone* that is much more important in creating a naturalistic illusion. Many animals see only in tone not in colour. We humans are happy to accept black and white photographs as fair representations of reality. Scientists who work on the automatic interpretation of photographs by computer know that much more is to be learned from tone than hue. When we examine a woman's dress in an old master painting, we do not know whether it was in reality deep blue or canary yellow. But we can judge immediately from the pattern of light and shade whether the folds and falls of the silk are depicted with optical accuracy or not.

Although Wirth's paintings are very different in style from Vermeer's, they have several important technical qualities in common. They are perfectly true to tone. Their perspective is absolutely correct, even though the paint is not always applied with minute painstaking accuracy. The still-lifes lose focus in the near foreground and in the background. And in the methods of both painters, *there is no drawing whatsoever, at any stage*. There is no need to trace any outline of the projected image, since it is always available on the canvas when needed. The optical projection *is* the drawing.

Brains on Fire – Bilder in der Neurobiologie. Ein Gespräch der *Bildwelten des Wissens* mit Randolf Menzel und David Poeppel

Mit dem Slogan „Is a picture worth 1.000 words?“[1] erreichte die Bilderfrage im Januar 2003 auch die klassischen naturwissenschaftlichen Journale. Die Probleme und Dimensionen von Bildern in der Wissenschaft, die Julio M. Ottino hier thematisierte, sind seither oft angesprochen worden, aber selten aus naturwissenschaftlicher Sicht.

Die *Bildwelten des Wissens* luden im Mai 2004 Randolf Menzel, Professor für Neurobiologie am Institut für Biologie an der Freien Universität Berlin, und David Poeppel, Professor der Linguistik und der Biologie von der University of Maryland College Park, der für das Jahr 2003–2004 Fellow am Wissenschaftskolleg zu Berlin war, zu einem Gespräch über die Funktionen und die Interpretation von Bildern in den Neurowissenschaften ein. Beide Wissenschaftler sind herausragende Vertreter ihrer Disziplin, die ihre Reflexionen über die Anwendung von Bildern bereits publiziert haben.[2] Das Gespräch fand im Institut für Neurobiologie der Freien Universität Berlin statt.

Bildwelten: Lieber Herr Menzel, lieber Herr Poeppel, herzlichen Dank für Ihre Bereitschaft und Ihr Interesse an diesem Gespräch. Wir haben Sie zu einem Interview gebeten, weil Sie sich auf Ihren jeweiligen Gebieten, der Neurobiologie und der Neurolinguistik, explizit mit den Funktionen von Bildern in der Wissenschaft beschäftigt haben. In ihrer Forschungsarbeit spielt der Umgang mit bildgebenden Techniken eine große Rolle und sie haben dieses Thema auch bereits in Aufsätzen thematisiert. Im Zusammenhang mit dem Thema des Jahrbuchs möchten wir das Gespräch auf die Funktionen und die Interpretationswege von Bildern in ihren Fachgebieten lenken. Welchen Status würden Sie Bildern in Ihrer Wissenschaftspraxis zuweisen, welche Interpretationstechniken setzen Sie dabei ein?

Randolf Menzel: Ich würde gerne mit den anatomischen Darstellungen von Camillo Golgi[3] beginnen, um etwas Grundsätzliches zu verdeutlichen: Das große Vertrauen der Forschung in Bilder. Golgi war der erste, der im 19. Jahrhundert Zeichnungen von neuronalen Strukturen anfertigte, weil er eine

1 Julio M. Ottino: Is a picture worth 1.000 words? In: Nature, Vol. 421, Januar 2003, S. 474–476.

2 Randolf Menzel: Schönheit in einer Bilderwissenschaft. In: Gegenworte – Zeitschrift für den Disput über Wissen 9, 2002. S. 30–35; David A. Poeppel: Critical Review of PET Studies of Phonological Processing. In: Brain and Language, Dezember 1996, Bd. 55, Nr. 3, S. 317–351.

3 Camillo Golgi (1843-1920), italienischer Arzt und Entdecker der „schwarzen Reaktion“, die es ermöglichte, einzelne Neurone einzufärben und somit beobachtbar zu machen. Dabei werden zufällig nur einige wenige Neurone gefärbt, während andere unsichtbar bleiben.

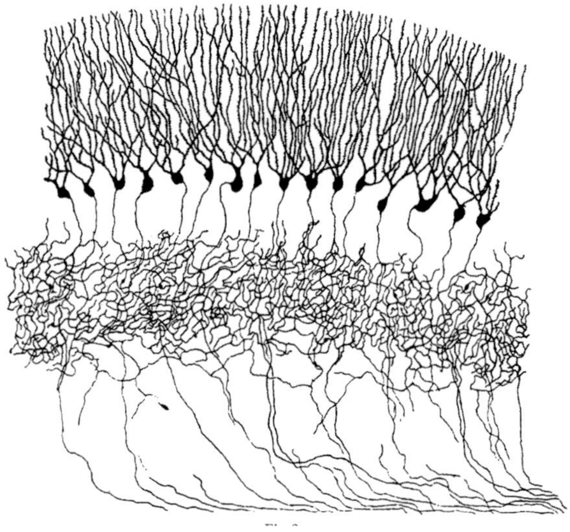

Abb. 1: Golgis Zeichnung eines Netzwerks von Nervenfasern.

spezifische Technik entdeckt hatte, mit der man einzelne Neurone färben und somit sichtbar machen konnte. Seine Bilder zeigen die bis heute anerkannten Archetypen von Nervenzellen (Abb. 1). Bei seinen Abbildungen handelt es sich nicht um pure Konstruktionen oder kulturell bedingte Wahrnehmungen, wie mir Bildwissenschaftler immer wieder entgegenhalten, sondern um Anschauung im Bild, also um eine Verbildlichung, die Grundlage eines Anschauungsprozesses wird. Interessant ist an diesen Bildern, dass Golgi seine Methode nicht voll ausgenutzt und verschiedene Phänomene falsch interpretiert hat. Erst Cajal[4] hat etwas später genau diese Bilder richtig interpretiert. An diesem Beispiel wird klar, dass es in den Naturwissenschaften einen Glauben an die Faktizität des Bildes geradezu unvermeidlich geben muss, ohne den man überhaupt nicht arbeiten könnte.

Bildwelten: Herr Poeppel, Sie haben in einem *Review*-Artikel[5] einen methodeninternen Check beschrieben, bei dem Sie fünf Studien zur Lautwahrnehmung verglichen haben. Dabei wurde festgestellt, dass man bei der Analyse von ähnlichen Experimenten, zum Beispiel bei der Verarbeitung von Reimlauten im Gehirn, jedes Mal völlig unterschiedliche Lokalisierungsbilder erhielt.

David Poeppel: Dabei handelte es sich um die Darstellung von Prozessen, also von zeitlichen Verläufen. Während dieser Prozesse werden Bilder mit PET[6] generiert (Tafel 9). Ein sehr ähnliches Experiment wurde fünf Mal hintereinander durchgeführt. Dabei wurden die Kontrollbedingungen leicht modifiziert und es kam zu immer etwas anderen Resultaten, die dann natürlich auch verschieden interpretiert wurden. Das ist ein ernsthaftes Problem, das nicht aus

4 Santiago Ramón y Cajal (1852–1934) erhielt 1906 zusammen mit Camillo Golgi den Nobelpreis für seine Studien zur Struktur des Nervensystems.

5 S. Anm. 2.

6 Positronenemissionstomographie, ein Verfahren, bei dem positron-emittierende Nukleide in den Körper der zu untersuchenden Person eingebracht werden; durch die Aufzeichnung der dann im Körper freigesetzten Positronen (positiv geladene Elektronen) können Stoffwechselprozesse mit einer hohen räumlichen Auflösung dargestellt werden.

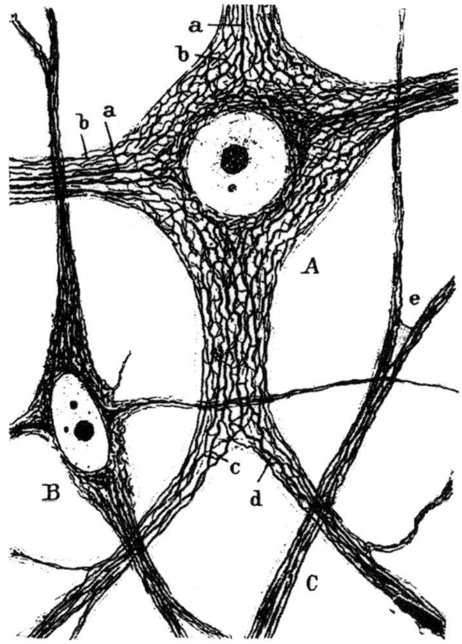

Abb. 2: Zeichnung von Rückenmarkzellen eines Hasen, angefertigt von Santiago Ramón y Cajal.

den bildgebenden Verfahren oder der Technologie resultiert, sondern aus der schlechten Konzeptualisierung von Experimenten.

Randolf Menzel: Mein Eindruck ist, dass die Verbildlichung von physiologischen Vorgängen etwas anderes ist als die Darstellung eines anatomischen Substrats. Zwar verbildliche ich auch bei der Untersuchung eines anatomischen Substrats unterschiedliche Aspekte, wenn ich verschiedene Methoden anwende, aber ich glaube, dass ich dabei dieses Substrat selbst nicht verändere. Substrat-Darstellungen werden vom Prozess der Darstellung unabhängig betrachtet. Die Verbildlichung ist hier ein Anschauungsprozess, unabhängig davon, ob ich sie mit einem Elektronen-Mikroskop, mit einem normalen Mikroskop, einer Lupe oder mit bloßem Augen erstelle.

David Poeppel: Da bin ich etwas anderer Meinung. Aus meiner Perspektive sind sich beide Verfahren grundsätzlich darin ähnlich, dass die Suche nach Erklärung im Vordergrund steht. Unabhängig davon, ob es sich um anatomische Bilder oder physiologische Abbildungen zur Simulation zeitlicher Prozesse handelt: Sobald wir das Bild interpretieren, interpretieren wir es im Kontext einer Theorie. Das trifft auf anatomische Substrate, wie auf die Darstellungen von Funktionen zu. Denn das Entscheidende ist ja, wie wir Bilder benutzen. Wir sehen uns zum Beispiel ein Bild an und sagen: „Das ist Evidenz für eine bestimmte Theorie darüber, wie das Nervensystem strukturiert ist." Der Unterschied zwischen Anatomie und Physiologie ist dann nicht mehr klar.

Randolf Menzel: Aber Sie würden immerhin zugeben, dass bei anatomischen Darstellungen (Abb. 1, 2) die Theorie, solange die primären Daten gewonnenen werden, zuerst einmal völlig im Hintergrund steht. Während das Bildhafte, das in physiologischen Darstellungen (Tafel 9) gewonnen wird, bereits eine Theorie einschließt.

David Poeppel: Ja, aber mich würde interessieren, wie unabhängig man wirklich von der Optik ist. Golgi ist dafür ein interessantes Beispiel. Er hat die Neuronen genau abgebildet, aber er war theoretisch naiver als Cajal. Cajal hat das gleiche

Bild gesehen, aber ganz anders interpretiert. Das Bild selbst ist da nicht unschuldig, es ist keineswegs nur eine Abbildung.

Randolf Menzel: Wenn wir allerdings Golgis Bilder und Cajals Bilder vergleichen, dann sind sie nicht voneinander zu unterscheiden. Die Informationen, die Cajal verwendet hat, sind alle bei Golgi vorhanden. Golgi war so genau, dass er auch Strukturen, von denen er meinte, dass sie nicht so wichtig für seine Theorie wären, gesehen hat. Diese Strukturen hat Cajal dann als wichtig erkannt. Das heißt, dass das Objekt unabhängig von der Theorie ist.

David Poeppel: Andererseits geht diese Zuversicht, die Sie haben, nicht vom Bild aus. Sie beruht darauf, dass es konvergente Evidenzen gibt, weil Sie bereits in 100 verschiedenen Labors 5.000 Bilder dieser Art gesehen haben. Sie haben dadurch einen mentalen Archetypus für dieses Bild. Denn es ist für eine Klassifikation implizit, dass Sie das Bild erkennen.

Randolf Menzel: Nein, das glaube ich nicht. Es gibt in einer Bilderwissenschaft wie der Biologie verschiedene Arten, wie Bilder verwendet werden.[7] Ich lasse mir nicht ausreden, dass es Bilder gibt, die von den Theorien unabhängig für sich existieren und wo der Mensch, der sie erzeugt, zunächst einmal nichts anderes ist als ein Beobachter und kein Interpretator. Solche Bilder werden in Fülle in der Biologie erzeugt. Sie sind Dokumente des Materials, die wir nicht wegzudiskutieren brauchen.

Bildwelten: Bei diesen Visualisierungen von zeitlich-räumlichen Prozessen scheint der Rückgriff auf anatomische Darstellungen und die Lokalisation paradigmatisch zu sein.

David Poeppel: In der Organologie und der Phrenologie ist diese Art der Lokalisation seit 1715 historisch tief verankert und sie ist auch amüsant. Ganz spezifische Lokalisationen sind überzeugend, so etwa im somato-motorischen Bereich. Auch im visuellen Kortex ist das topografische Prinzip ein interner Realitätscheck, wenn man radikal neue Ergebnisse von Experimenten überprüfen will. Aber dann kommt ein wichtiger Bruch. Man geht zu Experimenten in anderen Bereichen über: zu Aufmerksamkeit, Sprache oder Gedächtnis. Und an dieser Stelle davon auszugehen, dass diesen Bereichen auch eine Topografie zu Grunde liegt, finde ich abenteuerlich.

Randolf Menzel: Aber die Topografie ist in vielen Fällen gut gestützt, nehmen wir das Gedächtnis. Es gibt den Unterschied zwischen deklarativem und nichtdeklarativem Gedächtnis[8], und es sind verschiedene Gehirnregionen dafür zuständig. Für eine frühe Gedächtnisphase und eine späte Gedächtnisphase gibt es verschiedene Zuständigkeiten, die lokalisierbar sind.

David Poeppel: Das würde ich auf keinen Fall bestreiten. Die Frage ist aber folgende: Wenn wir ein Hirnareal identifizieren, dann hat es keine Topografie im herkömmlichen Sinne. Ich kann bei Prozessen keine Topografie erstellen, indem ich frühere Vorgänge hier und spätere Sachen dort darstelle.

Randolf Menzel: Warum nicht? Hier ist natürlich unser derzeitiger Erkenntnisstand stark eingeschränkt, besonders was das menschliche Gehirn oder das Säugetiergehirn angeht. Aber nehmen wir mal ein anderes Gehirn, wie zum Beispiel das, welches wir in meiner Arbeitsgruppe untersuchen: das Insektengehirn. Da kann man bestimmte Eigenschaften, wie die Belohnung beim Lernen, auf eine einzelne Zelle zurückführen. Diese *einzelne* Zelle ist hinreichend für den Vorgang. Wenn ich diese Zelle, dieses Neuron, manipuliere, dann lernt das ganze Tier, es ‚denkt' sozusagen, dass es belohnt worden ist. Wissenschaftler, die das theoretische Gebäude der assoziativen Netzwerke vertreten, haben ein rein theoretisches Konzept von den Informatikern übernommen. Es wird auf neuronale Strukturen mit dem Argument übertragen, der Gedächtnisinhalt sei in Schaltstellen, wie in einem Schalterkasten, verteilt. Wenn ich die Möglichkeit hätte, all die Stellen zu sehen, dann könnte man aus dem Muster der aktivierten Schaltstellen sogar den Inhalt herauslesen. Das Muster der ‚umgelegten' Schaltstellen wäre dann das Bild.

David Poeppel: Aber das Wichtige daran ist, dass es nicht relevant ist, wo die Schaltstellen sind, sondern wichtig ist das Muster der Schaltstellen. Die Schaltstellen sind aber nicht immer die gleichen, sie könnten unterschiedlich verteilt sein. Das bedeutet, was errechnet wird, ist das Wichtige und nicht das topografische Prinzip.

Randolf Menzel: Ich würde vermuten, dass wir, wenn wir die entsprechenden Methoden hätten, allerhand Regeln der Nachbarschaftsbeziehung entdecken würden. Und Regeln der Nachbarschaftsbeziehung gelten ja auch für Bilder.

7 S. Anm. 2.

8 Das deklarative Gedächtnis ist für Einzelereignisse, die gewöhnlich bewusst erfahren werden, zuständig und unterscheidet sich etwa vom prozeduralen Gedächtnis mit der Zuständigkeit für unbewusste Handlungsabläufe. In der Hirnforschung werden zur Unterscheidungen dieser Formen des Gedächtnisses Gehirnpathologien oder Folgen von Operationen, bei denen der Hippokampus betroffen ist, untersucht, da nach einer solchen Störung kein langfristiges, bewusst werdendes Gedächtnis mehr gebildet werden kann.

Man könnte sagen, dass Bilder genau dadurch zu Bildern werden, dass sie bestimmte Regeln der Nachbarschaftsbeziehung haben. Sie sind symmetrisch oder sie haben einen Gradienten oder Eigenschaften, mit denen die einzelnen Elemente untereinander in Beziehung gestellt werden können. Warum sollte das nicht für eine sehr hohe Auflösungsstufe, in Bezug auf einzelne Neurone gelten, wenn wir es mit Selbstverständlichkeit für die globale Ebene, also in Bezug auf das ganze Gehirn, hinnehmen.

David Poeppel: Ich halte diese Art von Lokalisation, die wir jetzt noch machen, für höchstens einen Teil des Hausaufgabenproblems. Die weiterführende Frage bezieht sich darauf, wie auf Zellenniveau gerechnet wird. Die Lokalisation ist, bildlich gesprochen, nur die Leiter, um ein Areal zu identifizieren. Dann ziehen wir die Leiter weg und interessieren uns nur noch für wirklich detailliertes Auspacken. Wir versuchen zum Beispiel in der Sprachforschung darüber nachzudenken, was eigentlich ein rezeptives Feld[9] wäre. Was sind die Elementarteilchen für eine Leistung wie das Sprachverstehen? Um wirklich im Detail darüber nachzudenken, was die Elemente des Problems sind, braucht man diese Informationen in Bildern nicht mehr; das heißt, wir verwenden sie nur zur Determination von den Bereichen, in denen sich die Vorgänge abspielen, dann ignorieren wir sie.

Randolf Menzel: Wenn wir ein Areal von vielleicht 10 Millionen Neuronen nehmen, die in ihren Operationen bestimmten Regeln folgen, die genau diese globalen Leistungen zustande bringen, dann ist das eine Ebene, die nicht völlig chaotisch und unanalysierbar ist, sondern die eine bestimmte Struktur hat. Und diese Struktur mag eine bildhafte Komponente, eine zeitliche Komponente und eine Ensemblekomponente haben, also viele Aspekte umfassen. Wenn in solchen, bis auf die Zellgewebe gehenden Operationen räumliche und zeitliche Komponenten gleichermaßen wichtig sind, dann ist der räumliche der bildbezogene Aspekt und der zeitliche ist der dynamische Aspekt; folglich müsste man in der Lage sein, dieses räumliche Element auch bildhaft darzustellen. Natürlich ist das schwer darstellbar, weil die räumliche Zuordnung auf die einzelnen Elemente bezogen wird, auf die Neuronen. Auf dieser Ebene kann man vielleicht nicht mehr eindeutig zwischen Zeit und Raum unterscheiden. Aber wenn ich

9 Areal von Sinnesrezeptoren, durch deren externe oder interne Stimulation die Aktivität einer Nervenzelle systematisch beeinflusst wird.

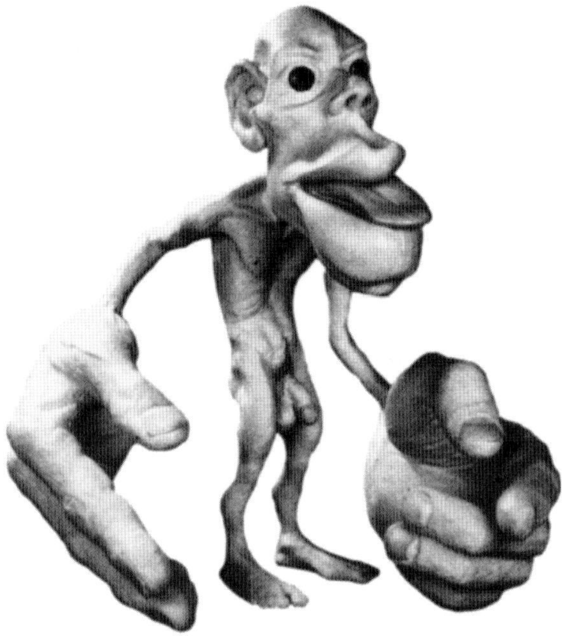

Abb. 3: Homunkulus mit Körperproportionen, die den Größenverhältnissen der entsprechenden Reizfelder im Gehirn entsprechen.

blitzlichtartige Momentaufnahmen hätte und ich mit meiner Darstellungsmethode dieses ungeheuer komplexe Filzwerk von Neuronen so darstellen könnte, dass sie schön nebeneinander liegen, so wie das ein Ingenieur zeichnen würde, dann würde ich vielleicht urplötzlich beim Blick auf das Bild die Regel erkennen. Auf der Ebene einzelner Neurone oder vielleicht sogar auf subzellulärer Ebene würden wir Korrelate oder Entsprechungen auch wieder bildlich darstellen können.

David Poeppel: In anderen Fällen ist es sehr problematisch, Erklärungen direkt in der bildhaften Darstellung zu finden. In den kognitiven Neurowissenschaften, also in meinem Arbeitsgebiet an der Schnittstelle von Neurowissenschaften und Linguistik, gibt es eine sehr aktive und aggressive Debatte bezüglich der Repräsentation von Wortbedeutungen. Eine Grundhypothese liegt darin, dass es eine direkte Abbildung von Wortbedeutungen auf die sensomotorische Ebene gibt. Die Hypothese, die seit einigen Jahren stark vertreten wird und sich auch in Artikeln der Edeljournale wie *Neuron* wieder findet, lautet, dass das Lesen und Sprechen eines Wortes eine ähnliche Hirnaktivität auslöst wie die Aktivierung des relevanten Körperteils. Das hieße, wir haben demzufolge einen Homunkulus (Abb. 3), in dem Proportionen, die wir für den Körper haben, sichtbar gemacht werden. Das Wort „kick" oder „pick" oder „lick" würde eben die korrespondierende Stelle im somatisch-sensorischen Kortex aktivieren. Das ist die Trivialhypothese. Wenn ich sage: „Tor-Schießen", dann wird es schon schwierig, weil „Schießen" mit der Hand oder mit dem Fuß geschehen kann – das heißt, ich müsste die Ambiguität des Wortes in der Aktivierung des Gehirns im Bild sehen. Das ist tatsächlich ein viel diskutiertes Beispiel; dazu werden fMRI-Bilder[10] von der Stoffwechselaktivität im Gehirn erzeugt (Tafel 10). Die tatsächliche Bewegung der relevanten Körperteile, z.B. des Fingers oder des Fußes generieren dann ein bestimmtes Bild, und das Lesen von den entsprechenden Verben generiert ein ähnliches fMRI-Bild. Das wird als Theorie der neuronalen Repräsentation von Wortbedeutung verkauft. Man muss kein Linguist sein, um zu merken, dass die Daten hier nicht sehr überzeugend sind, Erklärungen werden auf sehr simple Art sofort in der bildhaften Darstellung gesucht. Diese Diskussion ist nicht mehr seriös, wird aber innerhalb der seriösen Journalkultur geführt. Das stört mich außerordentlich. Denn hier wird ignoriert, dass es zu diesem Thema in anderen Bereichen der Forschung reiche und detailliert artikulierte Theorien gibt. Stellen Sie sich vor, Sie versuchen die Wortbedeutung von „Gespräch", „Mittwoch" und „oder" räumlich im Gehirn abzubilden. Hier müsste eine andere Theorie greifen, weil eine Zuordnung zu einem Körperteil keinen Sinn macht. Dass es in Beispielen wie „kick" und „lick" eine offensichtliche Assoziation zwischen dem Lesen bestimmter Worte und der Aktivation gibt, streitet niemand ab. Aber es wird als etwas Stärkeres verkauft. Verkauft wird es explizit als Beispiel dafür, dass eine abstrakte Theorie der Semantik nicht richtig ist.

Randolf Menzel: Aber man könnte auch sagen: Das Bild sagt dazu gar nichts aus.

David Poeppel: Exakt, das Bild sagt dazu gar nichts aus! Jeder Mensch, der sich in der Sprachwissenschaft auskennt, ist von so einem Argument „scandalized"!

Randolf Menzel: Ich finde das ein gutes Beispiel für eine übertriebene Nutzung von Bildern, weil bei dem Bild bezüglich der Unterscheidung zwischen ‚hinreichend' und ‚notwendig' ein logischer Fehler gemacht wird. Wenn zwei Prozesse parallel laufen und gemeinsam für einen Folgeprozess zuständig sind, dann kommt es in der Biologie häufig vor, dass nur einer der beiden ursächlichen Prozesse messbar ist oder sichtbar gemacht werden kann. Aus der zuverlässigen Korrelation zwischen dem Eintreten des Folgeprozesses und dieser einen messbaren Komponente wird dann geschlossen, dass diese notwendig ist. Damit ist aber nicht gezeigt, dass sie hinreichend ist. In dieser Lage befinden sich kognitive Neurowissenschaftler, die nur die Korrelation dessen, was sich zum Beispiel mit fMRI darstellen lässt, untersuchen können. Sie wissen zu keinem Zeitpunkt, ob das, was sie darstellen, hinreichend ist.

David Poeppel: Man versteht Bilder schnell und auf eine emotional befriedigende Weise. Es gibt ja schon einen Unterschied zwischen Verstehen und Erklären. Wir gucken uns die Bilder an und verstehen irgendetwas, haben aber gleich die Intuition, dass das auch die Grundlage für ein Erklärungsmodell sei – und dagegen wehre ich mich sehr. Dieser Sprung ist mir nicht recht.
Randolf Menzel: Man muss dies immer wieder in größeren Zusammenhängen betrachten. Wir sind ja nun nicht nur Wissenschaftler, sondern vor allem Menschen und haben eine evolutive Geschichte. Wir akkumulieren unser Wissen über die Welt über die Sinne, und hierbei ist sicherlich der Sehsinn besonders bedeutsam, da auch emotionale Aspekte durch die Wahrnehmung angesprochen werden. Aus diesem Grunde sind Farben so bedeutsam – sie haben einen emotionalen Charakter. Es steht ja auch in den wissenschaftlichen Artikeln, dass beispielsweise warme Farben für höhere Aktivität stehen. ‚Warm' ist etwas eher vereinnahmendes, während ‚kalt' etwas ist, das abstößt. Wir sehen häufig auch mehr in Bildern als wirklich dargestellt ist, indem wir vervollständigen und ergänzen. Das bedeutet, dass im Erkenntnisprozess dieses bildhafte Vervollständigen, auf das wir durch evolutive Prozesse für unsere Weltwahrnehmung eingestellt sind, auch für die abstrakte, wissenschaftliche Wahrnehmung genutzt wird. Deswegen habe ich eine geradezu reflexartige Abwehrhaltung gegenüber der Skepsis, die der Nutzung von Bildern aus dem Blickwinkel der Objektivierbarkeit entgegengebracht wird. Kritiker behaupten, es sei gefährlich, wenn man Bilder verwendet, weil all diese Prozesse der Vervollständigung der Ergänzung und partiellen Wahrnehmung des Menschen unterliegen, und diese unwissenschaftlich sei. Ich glaube das nicht. Ich glaube, unser Erkenntnisprozess ist so unmittelbar mit dem konkret Bildhaften verbunden, dass unser Gehirn unabhängig von einem äußeren Bild sowieso Bilder erzeugt. Dann operieren wir an dem inneren Bild. Wenn es schon von außen im kommunikativen Prozess ein Bild gibt, verläuft dieser Prozess viel einfacher und einheitlicher.
David Poeppel: Für mich sind Bilder beängstigend direkt. Bilder, egal ob es ein anatomisches Bild ist oder ein physiologisches oder Daten in einem Diagramm, spielen immer eine unheimlich direkte Rolle in der Formulierung von Hypothesen und damit im Design von Experimenten. Ich denke über meine eigenen

10 fMRI bezeichnet die funktionelle Kernspintomographie, bei der über die Messung und Visualisierung des Sauerstoffgehalts des Blutes indirekt auf die Hirnaktivität geschlossen wird.

Experimente so nach, dass ich als Basis des Experiments versuche, Attribute der Bilder zu manipulieren. Wir sehen uns zum Beispiel eine Kurve von Daten im Labor an und fragen „Wie muss das Experiment aussehen, damit diese Kurve nach oben geht?“ Auf dieser Ebene hat die Verwendung von Bildern einen sehr direkten Effekt. Forschung wird bildgetrieben konzipiert und exekutiert. Das ist ein noch direkterer Einfluss als der Einfluss von Bildern in Journalen, die wirklich nur die Spitze des Eisberges des Wissenschaftsbetriebes darstellen.

Bildwelten: Und in populären Darstellungen kommt es zu einer weiteren Zuspitzung?

David Poeppel: Ein prägnantes Beispiel in Bezug zur Populärkultur wäre ein Titelbild von *Gehirn und Geist* (Tafel 12), das ‚The Brain on Fire‘ zeigt. Es steht unter der Überschrift „Angriff auf das Menschenbild“. Ich finde, das ist eine vielsagende, sogar philosophische Interpretation, dass wir als Neurowissenschaftler angeblich das Menschenbild angreifen. Und schön ist natürlich die Darstellung des ‚Feuers‘. Dabei sind solche Bilder nicht Teil des Wissenschaftsbetriebs, sondern von einem ‚Art Department‘ gemacht. Aber diese Art Bilder zu gestalten ist gar nicht so weit entfernt von Bildgestaltungen und Farbkodierungen, wie sie in einem seriösen Artikel im *Journal of Neuroscience* zu finden sind (Tafel 11). Das Titelblatt erhebt nicht den Anspruch an seriöse Lokalisation, außer vielleicht die Seele zu verorten. Aber auch das Bild aus dem *Journal* enthält relativ wenig Information. Ich sehe ja nur, dass der anteriore Temporallappen irgendeine Rolle spielt, aber wir wissen nun schon, dass er nur einen kleinen Teil ausmacht. Aber was genau abgebildet wird, spiegelt einerseits das Design der Studie und andererseits die diversen Artefakte der Analyse und Darstellung der Daten wider. Aber ich finde es bezeichnend und nicht verwunderlich, dass auch Tageszeitungen wie die *Frankfurter Allgemeine* oder populärwissenschaftliche Publikationen auf diese Art und Weise mit Bildern umgehen und ‚The Brain on Fire‘ zeigen. Wir Wissenschaftler machen es ja in ähnlicher Weise und dem entsprechend wird jetzt Wissen über Worterkennung vermittelt.

Randolf Menzel: Ich kann Ihre Skepsis verstehen. Was ich hingegen mit Bildern in der Bild-Wissenschaft Biologie meine, bezieht sich auf Bilder, die von Strukturen gewonnen werden und je nach eingesetzter Methode unterschiedliche Aspekte dieser Strukturen darstellen. Die Aufgabe der Interpretation besteht dann darin, diese unterschiedlichen Aspekte zu einer in sich geschlossenen Vorstellung des Aufbaus, der Organisation und der Funktion der betreffenden Struktur zu vereinen. Die Schwierigkeit der Biologen im Allgemeinen und der Neurowissenschaftler im Speziellen besteht darin, diese Ebenen nicht zu vermischen.

Bildwelten: Lieber Herr Menzel, lieber Herr Poeppel, wir danken Ihnen für dieses Gespräch.

Das Gespräch führten Angela Fischel und Jochen Hennig.

Bücherschau: Wiedergelesen

Vom E und A der Medientheorie
Über Marshall McLuhan/Quentin Fiore: The Medium is the Massage. An Inventory of Effects, New York/London/Toronto 1967.

Das Medium ist die Botschaft / ‚*The Medium is the Message*' ist kein Buch von McLuhan. Erst als eine Art opus postumum kam unlängst eine ins Deutsche übersetzte Interview-Sammlung dieses Titels heraus. Zu Lebzeiten McLuhans (1911–1980) kursierte der Slogan ausschließlich als die wohl berühmteste Phrase aus *Understanding Media* (1964). Das Buch, das McLuhan selber dem folgen ließ, nennt sich stattdessen (auch wenn ein gewisses *Lexikon Medientheorie / Medienwissenschaft* in diesem Punkt falsch informiert): *The Medium is the Massage* (1967).
Was darin in Wort und Bild (gestaltet von Quentin Fiore) zu finden ist, lässt sich als Pop-Art-Synopse zentraler Merksätze McLuhans bezeichnen, ergänzt um die Eindrücke, die er in der Event-Kultur New Yorks und San Franciscos gesammelt hatte. Nicht umsonst war er dort auf Partys und eigens für ihn veranstalteten Happenings als das „Orakel von Toronto" herumgereicht worden. Unmittelbar nach dem Erscheinen von *Understanding Media* hatte es auf diese Weise eine Performance gegeben, die bereits den Titel des kommenden Buches vorwegnahm: In einer leer stehenden Lagerhalle wurde ein Labyrinth aus riesigen Leinwänden aufgebaut. Auf einer davon lief ein Film, der keinen Andy Warhol zum Regisseur haben musste, um stundenlang nur diese Lagerhalle zu zeigen. Die übrigen Flächen wurden aus dreißig Diaprojektoren im Sekundentakt mit einem (wie McLuhans Biograf schreibt) wahren „Sperrfeuer" von Lichtbildern beschossen. Parfümspritzer überall traktierten den Geruchssinn. Verborgene Lautsprecher erzeugten eine geheimnisvolle Geräuschkulisse. Dem Tastsinn kam eine „plastische Wand" entgegen, ein großer Rahmen, mit Stoff bespannt, gegen den von der einen Seite Tänzer ihre Leiber drückten, während die Besucher von der anderen Seite mit ihren Händen die so sich bildenden Formen erforschen durften. *Medium is Massage*, wie diese

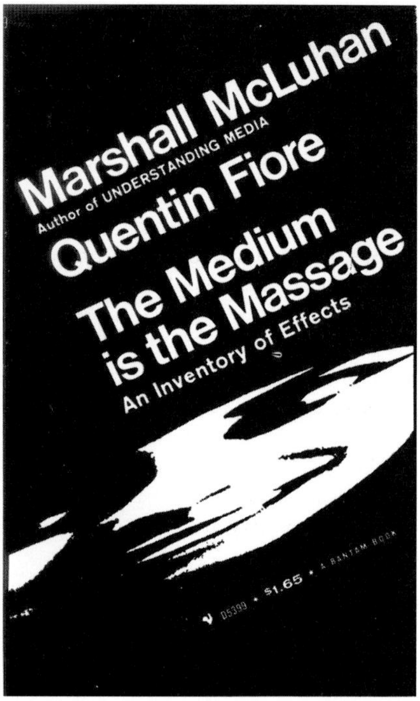

Abb. 1: Marshall McLuhan/Quentin Fiore: The Medium is the Massage. An Inventory of Effects, New York 1967.

Inszenierung, dieses „totale Theater" tatsächlich hieß, war Ereignis geworden.
Aber das Buch oder Büchlein, das den Titel übernahm, diese 160 Seiten Mehr-Bild-als-Text im Taschenformat für damals 1.65 Dollar, konnte doch wieder nur das Auge allein bedienen oder in Anspruch nehmen oder – „the book is an extension of the eye" – erweitern. Statt kollektive und Auge, Nase, Ohr und Haut umfassende Taktilität, war es selbst nur, wovon es schrieb: „the new visual stress", „the portable book, which men could read in privacy and in isolation from others". Und statt der *massage* im alle Sinne betreffenden Sinn ist seine eigene – wiederholte – Botschaft doch in erster Linie die *message*, die das Medium ist. Anders gesagt: Neben erstens der Generalthese geht es zweitens um die Generalisierung als solche.
Medien, so also die bekannte These, erzeugen je spezifische „ratios of sense perceptions", und diese spezifische Wirkung, diese Wirkungen in der Vielzahl ihrer (Folge-)

Relationen hat Medienwissenschaft zu erforschen (zu explorieren, wäre mit Blick auf McLuhans Periodikum *Explorations* zu sagen). Deshalb nennt sich *The Medium is the Massage* im Untertitel: *An Inventory of Effects*. Es geht um die Einheit der akustischen wie typografischen Minimaldifferenz von *message* und *massage*, denn ebendies meint jene Parole, wie McLuhan noch 1978, im spätesten der oben genannten Interviews erläuterte: „Wirkung ist immer ein verborgener Grund und niemals ein Teil der Figur. Das, was man sieht, ist die Figur, das, was die Wirkung ausmacht, der Grund. Das ist der Sinn von: Das Medium ist die Botschaft. Das Medium ist verborgen, der Inhalt offensichtlich. Aber die eigentliche Wirkung rührt vom verborgenen Grund her, nicht von der Figur."

Als die erklärte Inventarisierung jedoch reduziert das *Massage*-Buch jede seiner Beobachtungen auf ihre kürzest mögliche Formel: Effekt um Effekt, *message* um *message*. Damit macht es die Probe auf die Formelhaftigkeit selber, für die man McLuhan kennt. Das Medium ist die Botschaft. Die Welt ist ein Dorf. Der Inhalt jedes Mediums ist immer ein anderes Medium. Alle Medien sind „extensions of some human faculty", bis hin zur obersten Kommandogewalt: „electric circuitry, an extension of the central nervous system". Wenig später, in *A Candid Conversation with the High Priest of Popcult and Metaphysician of Media*, die der *Playboy* im März 1969 veröffentlichte, wird McLuhan betonen, er vertrete keinen „fixen Standpunkt", keine hohepriesterliche Theorie: „Meine Arbeit ist ganz pragmatisch darauf ausgerichtet, unsere technologische Umwelt und ihre psychischen und sozialen Konsequenzen zu verstehen. Aber meine Bücher zielen eher darauf, den *Prozeß* des Entdeckens offenzulegen, als mit einem fertigen Ergebnis aufzuwarten." Stehen dazu nicht all die ehernen Parolen im Widerspruch? Wer will, mag es so sehen. Interessanter ist es, von einer Zusammengehörigkeit beider Momente auszugehen. Gerade die äußerste Formelhaftigkeit flexibilisiert diese (Nicht-)Theorie und erlaubt, mit ihr jenes Denken zu üben, von dem ein anderer Leitspruch sagt: „there is absolutely

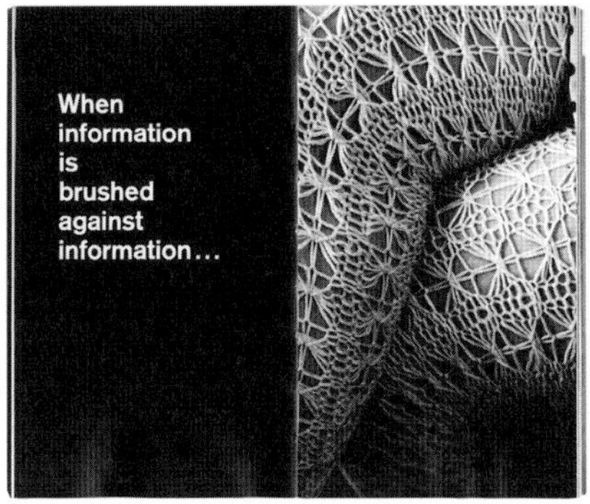

Abb. 2: When information is brushed against information. Marshall McLuhan/Quentin Fiore: The Medium is the Massage (1967), S. 76–77.

no inevitability as long as there is a willingness to contemplate what is happening". „Marshall McLuhans Theorien haben überhaupt keine Bedeutung" notierte in diesem Sinne bereits ein amerikanischer Lyriker der (von R. D. Brinkmann & R. R. Rygulla hierzulande popularisierten) *Acid*-Szene: „Er gibt einfach die Clous." Er „sagte uns, wie man es richtig sehen muß". Daher gilt: „Er *muß* nicht von Bedeutung sein" – was genau seine Bedeutung bis heute macht.

Bernhard J. Dotzler

Bücherschau: Rezensionen

Karin Leonhard: Das gemalte Zimmer. Zur Interieurmalerei Jan Vermeers, München 2003.

Wie kommt es, dass so viele Interpreten, die sich von Vermeers Interieurs *angezogen* fühlen, vor allem deren Kraft betonen, die Betrachter *abzustoßen*, sie *heraus* zu halten aus jenem Bereich vermeintlich intimer Individualität? Und wie kommt es ferner, dass diese Bilder nicht als Genre, sondern eher als Stillleben, als nature morte aufgefasst werden und dieselben Betrachter doch fast wider Willen so anrühren und bewegen? Diese paradoxalen Stereotypen durchziehen die Vermeer-Interpretation von Théophile Thoré, Max J. Friedländer über Lawrence Gowing bis Beat Wyss und sie verbinden gar die Kontrahenten Hans Sedlmayr und Kurt Badt, die sich über ‚Die Malkunst' auseinandersetzten. Karin Leonhard

erklärt die Kontinuität in ihrer Studie *Das gemalte Zimmer. Zur Interieurmalerei Jan Vermeers* mit dem Erbe einer Ästhetik des 19. Jahrhunderts, die sich aus dem Idealismus speist, aus Kants ‚interesselosem Wohlgefallen' gleichermaßen wie aus dem ‚interesselosen Scheinen', das Hegel der niederländischen Genremalerei attestiert. Leonhard begegnet den Früchten dieser Interpretationen, indem sie sich bei der Wahrnehmungstheorie des 17. Jahrhunderts vergewissert, die sie vor allem in Hinsicht auf die Raumvorstellungen untersucht. Hier werden mit Descartes, Leibniz, Newton und Huygens diejenigen Konzepte erwogen, die sich um die naturphilosophischen Kategorien der Ausdehnung und Materie drehen und in der Auseinandersetzung um die Möglichkeit eines leeren, absoluten Raumes gipfeln, dem ein relationaler, allein durch die Lage der Körper definierbarer, Raum konfrontiert wird.
Es ist jene kleine, exemplarische Raumkapsel, die ‚camera', im 17. Jahrhundert ein weit zu fassender begrifflicher Operator, anhand derer die Autorin nun gleichermaßen die Darstellungsanliegen der Maler, die Fragen der Wahrnehmungsphysiologen, wie schließlich auch die Bekümmerung der Biologen um die Rezeptivität des Körpers diskutieren kann. Besonders bemerkenswert ist das Geschick, mit der aus der komplizierten Materie der Raumdiskussion die für die vorliegende Interpretation wichtigen Elemente ausgewählt und begrifflich gemacht werden. So führt etwa das Modell der Guerikeschen Vakuumkugeln zur Idee eines Raumzwillings: Ebenso, wie die beiden Kugelhälften durch die Kraft des Vakuums aneinander geheftet werden, lässt sich bei Vermeer eine Sogwirkung, ein Ansaugen auch des Blicks konstatieren. Es ereignet sich ein Sehen, das den Atem raubt. Bildraum und Betrachterraum sind dicht gefügt, das heißt aufeinander bezogen – gemeinsam bilden sie erst die beiden Hälften des Innenraums. Die Kraft oder Macht des Bildes drängt nach der Erfassung durch einen Blick, zieht den Blick an. Eher als im Modell der distanzierten Betrachtung aufzugehen, muss die malerische Darstellung demnach als eine Wirkungsmacht verstanden werden. Hier gelingt der Sprung von der Wahrnehmungstheorie zu einem Konzept der Repräsentation.
Die Autorin bezieht sich auf das Wahrnehmungsparadigma der ‚camera obscura', welches auch der kartesianischen Lehre des Sehens zugrunde liegt. Der Geist wacht über einen geregelten Verkehr zwischen Außenwelt und innerer Repräsentation durch das Schließen und Öffnen der Sinnesschleusen. Und so werden die Fenster, die Vorhänge und Teppiche, die vordergründigen Möbel Vermeers eher an die Pupille und das Lid, die Schleusen des Augeninnenraumes angenähert, denn als Hindernisse oder Repoussoir der Eintritt begehrenden Betrachter verstanden. In diesem Sinne kann Vermeer Bewegungen inszenieren, die den Betrachter durch das Bild führen, die ihn anziehend zunächst in das Bild und dann auch wieder in Abstand dazu versetzen. Wer in den Leonhardschen Vergleichen und in der Unmittelbarkeit ihrer metaphorischen Operationen ihrerseits zuviel an Sog- und Zugkraft zu erkennen vermag, der sollte sich die als Anhang beigefügte kurze Lektüre der Dresdner Briefeleserin vornehmen. Hier paradieren noch einmal all die in der Studie explizierten Argumente, aber sie sind eingefaltet in einfache, beiläufige Wörter.

Philipp Weiss und Thomas Fink

Pamela H. Smith: The body of the artisan. Art and experience in the scientific revolution, Chicago 2004.

Das Wissen von Handwerkern sei im Laufe des 16. Jahrhunderts zu einer epistemischen Grundlage für das sich neu formierende Wissen über die Natur und die entsprechenden Wissenschaften geworden – so lautet die zentrale These, die Pamela H. Smith in ihrem Buch *The body of the artisan. Art and experience in the scientific revolution* entfaltet. Dieses Wissen beruhte wesentlich auf sinnlicher Erfahrung der Natur sowie auf praktischer, körperlicher Arbeit. Einerseits sei nun die Herausbildung eines von Bacon als „New Philosophy; or Active Science" entworfenen neuen Typus von Wissenschaft nicht ohne diese „artisanal epistemology" denkbar. Gegen Ende des 17. Jahrhunderts habe jedoch ein Differenzierungsprozess eingesetzt, in dessen Verlauf sich die institutionell erstarkenden Naturwissenschaften ihrerseits vom praktischen Wissen der Handwerker und vom Körper als kognitivem „Organ" distanzierten.

Exemplarische Schauplätze dieser Wandlungen sind die Werkstätten der ‚frühen Niederländer', von Künstler-Handwerkern im Nürnberg des 16. Jahrhunderts sowie die medizinische Praxis und private Sammlung eines Gelehrten im Holland des 17. Jahrhunderts. Programmatisch werden dabei auch solche Personen als „artisan" bezeichnet, die als Prototypen des modernen Künstlers gelten.

Wesentliche Impulse für ein neues Selbstbewusstsein dieser „artisans" führt Smith auf deren Verwurzelung in handwerklicher Arbeit zurück. So beruhte dieses Wissen im Falle der zahlreichen Fehlschläge, die Bernard Palissy bei der Entwicklung seiner Brennverfahren hinnehmen musste, auf einem „trial and error"-Modus von Erkenntnis. Dieser Produzent veristischer Tierdarstellungen deklarierte zudem, dass sein Wissen ohne eigene Praxis, bloß schriftlich, nicht vermittelbar sei.

Zeichnung, Malerei, Grafik, Abgusstechniken, Töpferei und Goldschmiedearbeiten gehörten nun zu jenem besonderen Bereich der Arbeit an sichtbaren Formen, in dem sich eine „artisanal epistemolgy" artikulierte. Zum einen geschah dies in den Schriften und Publikationen zum Beispiel von Jamnitzer, Dürer oder Leonardo. Zum anderen waren die Werke selbst Träger und Äußerungsform einer neuartigen Teilhabe am Wissen. Das Hauptaugenmerk liegt dabei auf dem ästhetischen Kriterium eines gesteigerten Naturalismus.

Die tatsächlich epistemologische Dimension dieser „artisanal literacy" lässt sich wie folgt zusammenfassen: Naturalismus als ästhetische Qualität bzw. Strategie bildnerischer Form ist Ausdruck der Autorität eines spezifisch künstlerisch-handwerklichen Wissens, das auch die Fähigkeit einschließt, analog zu einer schöpferisch aktiven Natur eigene Werke hervorzubringen. Daraus resultiert ein umfassender und neuartiger Wahrheitsanspruch des Bildwerkes.

Diese zentrale Linie der Argumentation wird flankiert von einer hermetisch-alchemistischen Tradition. Hier werden sowohl jene Impulse verfolgt, die von der angewandten Alchemie für die Experimentalpraxis des 17. Jahrhundert ausgingen, als auch markante Parallelen zwischen bildnerisch tätigen Handwerkern und Alchemisten hervorgehoben. Letztere reichten von einem gemeinsamen praktischen Hintergrund der Materialbearbeitung, zum Beispiel bei der Herstellung von Farben, bei Brennvorgängen und dem Legieren von Metallen, bis zu dem Selbstverständnis, analog zur *natura naturans* produktiv zu sein.

Im Zentrum jener komplexen Konfiguration, die Smith darstellt, bleibt die bildnerische Form gleichwohl ein problematischer Kern. So stellt sich die Frage, warum nicht ein einziges Bildwerk herangezogen wird, das aus dem unmittelbaren Umfeld naturwissenschaftlicher Forschung des 17. Jahrhunderts stammt. Hier ließe sich beobachten, dass sich naturalistische Tendenzen in der Geschichte bildnerischer Praktiken keineswegs dem beschriebenen historischen Pendelschlag anschmiegen. Bis ins äußerste gesteigerte Naturähnlichkeit hat als *ein* mögliches Mittel der Evidenzerzeugung das Umfeld der Naturwissenschaften nie mehr verlassen.

Diese Mehrstimmigkeit birgt ein weiteres Problem. Wenn eine Aufwertung des handwerklich arbeitenden Körpers als Träger von Wissen im Zusammenspiel mit einem Naturalismus in den bildenden Künsten erfolgte, dann wird genau diese Relation in *The body of the artisan* mehrfach in einem Anspruch auf Unmittelbarkeit begründet, mit dem man sich schwer abfinden mag. Zu differenziert sind z.B. die Reflexionen über die Linie bei Dürer und Leonardo. Der – bei allem Naturalismus – hoch artifizielle Charakter künstlich geschaffener Formen wird im epistemologischen Horizont des Buches als eigenständiges Element erahnbar und zugleich droht er zu verschwinden.

Robert Felfe

Ulrich Raulff: Wilde Energien. Vier Versuche zu Aby Warburg, Göttingen 2003.

Ulrich Raulff verdanken die kulturwissenschaftlich interessierten Leserinnen und Leser bereits die erste Veröffentlichung in deutscher Sprache von Aby Warburgs berühmt gewordenem und für das Verständnis seines Denkens zentralen Kreuzlinger Vortrags über das Schlangenritual. Wenn in Raulffs jüngstem Buch über Warburg die dort versammelten Essays im Untertitel als „vier Versuche" bezeichnet werden, lässt sich dies begreifen als Gestus einer programmatischen Bescheidenheit, welche die Erkenntnis ausstellt, dass Warburgs Denken sich nicht auf den *einen* Begriff bringen oder, um eine Formulierung des Autors aufzugreifen, in die *eine* „schnittige These" bannen lässt. Bannung, nämlich die Bannung von zerstörerischer Energie, verstanden sowohl als physische und psychische wie ganz materiell als physikalische bzw. technische Energie, etwa in Form von Elektrizität, war eines der großen Themen Warburgs. Für Raulff liefert sie den roten Faden, der seine vier Beiträge miteinander verknüpft.

Im Einzelnen geht es um das Verhältnis Warburgs zum Jugendstil, seine Reise zu den Pueblo-Indianern in Neumexiko, deren Erfahrungen in den Text zum Schlangenritual und die dort vorgetragenen Reflexionen über die zivilisationsstiftende Kraft symbolischer Praxis mündeten, es geht um Warburg als pragmatischen Realpolitiker und seine Anstrengungen für eine Reform der Staatssymbole in der Weimarer Republik sowie schließlich um Warburg und Nietzsche. Damit greifen die Texte thematisch, aber auch in Zusammenstellung und Abfolge eine Denkfigur auf, die sowohl für Warburgs wissenschaftliche Arbeit wie für seine Biografie zentral war: den Pendelgang zwischen Ergriffenheit und Distanzierung, zwischen Pathos und Logos.

Die vier Versuche knüpfen an Ernst Gombrich, den ersten Biografen Warburgs (in der Vergangenheit nicht selten der Verharmlosung, Glättung und Entschärfung des Warburgschen Denkens geziehen) an; entsprechend lassen sie sich begreifen als Beiträge zur intellektuellen Biografie Warburgs. Es handelt sich um eine Spurensuche, in bester „Trüffelschwein"-Manier, nach Anregungen und Eindrücken, die von Warburg aufgegriffen und für sein eigenes Denken produktiv wurden; ein vom Autor eingestandener Maßen historistisches Vorgehen, das bei aller spürbaren intellektuellen Leidenschaft und Empathie für seinen Gegenstand auch nicht vor der Benennung historisch und sozial bedingter Befangenheiten Warburgs zurückschreckt. Solchermaßen erweist es sich als Gegengift zu dem gelegentlich artikulierten Verdacht einer Mystifizierung Warburgs durch seine Verehrer.

Eine derart konsequente Historisierung des Warburgschen Denkens steht keineswegs, und dieses wird immer wieder deutlich, im Gegensatz zu seiner aktuellen Brisanz und Bedeutung als Vordenker einer transdisziplinär ausgerichteten historischen Bildwissenschaft, sondern eröffnet neue Perspektiven auf diese Aktualität. Dieses wird z. B. in dem ersten Essay deutlich, wo es ausgehend von der Figur der sogenannten Nympha fiorentina um das Verhältnis Warburgs zum Jugendstil geht. Dessen ästhetische Merkmale hatten Warburgs Aufmerksamkeit für die Linie und das bewegte Beiwerk in Gewand und Haartracht vieler weiblicher Figuren antiker Provenienz in der Kunst des Quattrocento geschärft (Abb. 1). Für ihn waren diese Gestalten Dynamogramme, Bildzeichen einer äußeren wie inneren leidenschaftlichen Bewegung. Die um 1900 virulente, stark erotisch aufgeladene Faszination an der vieldeutigen Figuration der Femme fatale macht sich hier geltend. Der Clou an Raulffs Ausführungen zu diesem Thema liegt jedoch nicht in der Offenlegung dieser Verbindung, die auch von anderen schon hergestellt wurde; seine Überlegungen zielen vielmehr auf jenen Punkt, an dem Warburgs Interesse für die Linie als visuelles Zeichen energetischer Bewegung sich von der Verhaftung in der allegorischen Verkörperung emanzipiert und sich für das Problem der Abstraktion und damit eines der zentralen Probleme der Moderne öffnet.

Zu seinen Ergebnissen kommt Raulff nicht

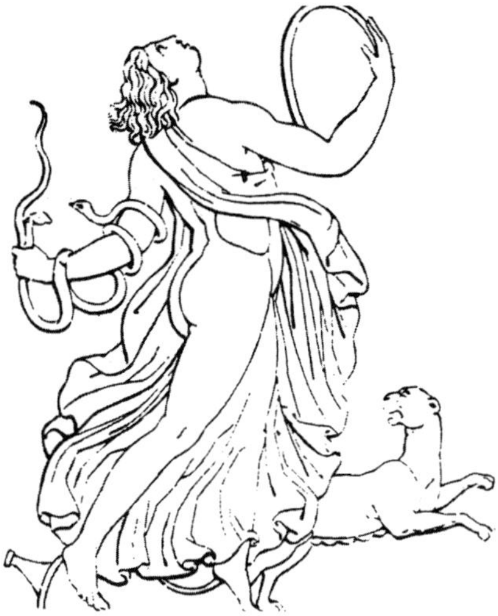

Abb. 1: Tanzende Mänade nach einem neuattischen Relief, Louvre, Paris.

zuletzt durch seine äußerst genaue kritische Arbeit an der Sprache Warburgs, die den Hydrakampf, den Warburg mit den Worten führte, oft noch erkennen lässt. Dass die Analyse der eigentümlichen, mit gedrängten Metaphern beladenen Sprache möglicherweise der beste Ansatzpunkt zum Verständnis Warburgs sein könnte und das Schreiben über Warburg hier ansetzen müsse, war bereits Projekt von Gertrud Bing gewesen. Das Buch von Ulrich Raulff ist hierzu ein sehr erhellender Beitrag.

Bettina Uppenkamp

Projektvorstellung

Multiple Image Stack Browser

In den letzten Jahren hat sich die Rolle digitaler bildgebender Verfahren in den Naturwissenschaften grundlegend verändert. Vom einfachen Hilfsmittel zur Illustration von Ergebnissen hat sie sich zum unverzichtbaren und allgegenwärtigen Werkzeug für die Erkennung und Analyse immer komplexerer Zusammenhänge entwickelt. Durch leistungsfähige Hard- und Software werden die Grenzen der Auflösung immer mehr verschoben. Mit neuen Imaging-Techniken können Objekte auf ganz neue Art und unter neuen Bedingungen abgebildet werden. So ermöglichen Magnetresonanz-Tomographen Einblicke in Abläufe des lebenden Organismus wie Gehirnaktivitäten, indem sie die Kernspin-Eigenschaften von Atomen ausnutzen. Neue fluoreszierende Farbstoffe lagern sich nur an bestimmte Substanzen an und erlauben damit sehr feine Unterscheidung von Gewebearten. Konfokale Laserscan-Mikroskope (CLSM) nehmen multidimensionale Stapel von Bildern eines Objekts auf, ohne dieses zu zerstören. Dabei wird ein Laserstrahl so in einer Probe fokussiert, dass er nur in einem genau festgelegten Punkt die zur Fluoreszenz der verwendeten Farbstoffe nötige Energie erreicht. Jegliche nicht von diesem Punkt stammende Fluoreszenz wird ausgeblendet, sodass man nur Informationen über diesen Punkt bekommt. Alle diese neuen und verbesserten Verfahren helfen, Wissenschaftlern immer präzisere Antworten auf ihre immer komplexeren Fragestellungen zu geben.

Bei allen Fortschritten im Bereich des wissenschaftlichen Imaging existieren aber bis heute einige grundlegende Beschränkungen. Eine dieser natürlichen Grenzen ist der Widerspruch zwischen Größe des aufgenommenen Bildausschnitts und der Auflösbarkeit von Objektdetails. Alle digitalen Aufnahmeverfahren arbeiten mit Detektoren (zum Beispiel Digitalkameras) mit fester Auflösung, zum Beispiel 1024 x 1024 Bildpunkten. Bei der Aufnahme muss man sich nun entscheiden, wie man die zur Verfügung stehende Auflösung einsetzt: Ist es wichtig, vorhandene Details sehr stark zu vergrößern, kann man nur einen sehr kleinen Ausschnitt der Probe abbilden. Benötigt man einen Überblick über einen größeren Ausschnitt, wird automatisch die Auflösung der Details kleiner. Es muss also ein Kompromiss zwischen Höhe der Auflösung und Größe des abzubildenden Ausschnitts getroffen werden. Dies ist aber bei vielen Fragestellungen nicht wünschenswert, da man oft einen großen Bereich der Probe sehr hoch auflösen möchte.

Zur Lösung dieses Problems sind mehrere Ansätze denkbar. So kann man beispielsweise die Auflösung des Detektors erhöhen, wie es in der digitalen Fotografie

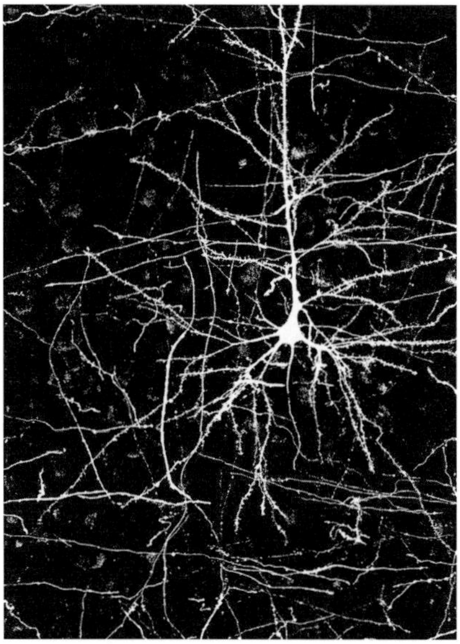

Abb. 1: Maximum-Intensity-Projektion der Einfachfärbung einer Nervenzelle. Die Aufnahme enthält im Original 100 Schichten zu je 3072 x 3072 Bildpunkten. Die Färbung entspricht der Intensität der Fluoreszenz.

mit Erfolg gemacht wird. Anders als dort sind aber die optischen Gegebenheiten z.B. in einem modernen Mikroskop wesentlich komplexer, es wird hier am Rand des derzeit optisch Machbaren gearbeitet. Darüber hinaus sind in wissenschaftlichen Anwendungen anders als bei der digitalen Fotografie Abbildungsfehler absolut zu vermeiden. Daher ist diese Idee für die meisten Szenarien nicht sinnvoll.

Man könnte Objekte mehrfach abbilden, einmal als Überblicksaufnahme und zusätzlich alle interessanten Details. Nur weiß man oft nicht genau, wo sich interessante Details befinden. Außerdem verändern sich bei einigen Aufnahmetechniken, wie bei Fluoreszenzaufnahmen, die Proben, die einzelnen Bilder würden also unterschiedliche Daten enthalten. Oft ist überdies durch die Energiezufuhr bei der Aufnahme nur ein Versuch möglich, bevor die Probe irreversibel geschädigt ist.

Ein anderer Ansatz ist aus der Fotografie seit langem bekannt – die Panoramafotografie. Hoch aufgelöste Detailbilder werden zu einem Gesamtbild montiert. Damit hat man sowohl den Überblick über die gesamte Szene als auch hoch aufgelöste Details in einem einzigen Bild. Auch hier gibt es Nachteile. So ist sowohl die gesteuerte Aufnahme als auch die Montage der Einzelbilder zu einem Gesamtbild nicht trivial. Außerdem ergeben sich durch dieses Verfahren sehr große Datenmengen, mit denen die verwendeten Analysewerkzeuge umgehen müssen. Darüber hinaus ist dieses Verfahren bei schnellen zeitlichen Veränderungen der Probe nicht einsetzbar, da die Bilder sequentiell aufgenommen und damit durch die Veränderungen verfälscht werden. Es existieren aber viele Anwendungen, in denen diese letzte Einschränkung aufgrund der relativen Unveränderlichkeit der Probe nicht relevant ist.

Am Leibniz-Institut für Neurobiologie (IfN) Magdeburg wurde Ende der 90er Jahre das Konzept der Panoramafotografie auf Stapel von Bildern erweitert, wie sie von Konfokalen Laserscan-Mikroskopen geliefert werden. Dabei werden die einzelnen vom Mikroskop gelieferten Bildstapel (Multiple Image Stacks, MIS) zu einem Gesamtstapel (Single Image Stack, SIS) montiert und gemeinsam verwaltet und analysiert. Aufbauend auf diese Ideen wurde am Fraunhofer-Institut für Graphische Datenverarbeitung Rostock (IGD-R) der Prototyp *Multiple Image Stack Acquisition / Browsing* implementiert. Dieser ermöglichte die Aufnahme, Verwaltung und Analyse von multiplen Bildstapeln. Die Verwertungslizenzen am vorhandenen Prototypen wurden von der Fraunhofer- Ausgründung Multiple Image Tools GmbH erworben. Hier wurden die Applikationen grundlegend überarbeitet. Ergebnis dieser Arbeiten ist der *Arivis Browser*, ein Werkzeug zur Akquisition, Verwaltung und Analyse sehr großer, multidimensionaler Bilddaten.

Der Arivis Browser ist in der Lage, beliebig große Bilddaten mit 4 Dimensionen (zum Beispiel) X- und Y-Ausdehnung eines Bildes, Z-Ausdehnung eines Bildstapels und Abbildung von Spektralinformationen) aufzunehmen, zu montieren und zu analysieren. „Beliebig groß“ bedeutet dabei, dass bisher Datensätze bis zu einer Größe von ca. 10 GByte praktisch genutzt wurden (das entspricht zum Beispiel einem Volumen von 21x11 Bildstapeln mit jeweils 15 Schichten und 2 Kanälen pro Bild bei Bildgröße eines Einzelbildes von 1 MByte) (Abb. 1 und Tafel 13). Bisher gab es noch keine Notwendigkeit für größere Datenstrukturen.

Die Besonderheit am Arivis Browser ist, dass diese Daten nach Montage der Einzelbilder auf einem normal ausgestatteten PC genutzt werden können. Der Anwender kann sich durch den Datenraum bewegen, unterschiedliche Vergrößerungsstufen wählen, die Darstellung der Daten parametrisch verändern. Alle diese Funktionen sind in Echtzeit, also ohne störende Verzögerungen, möglich.

Der Arivis Browser ist als offenes System aufgebaut. Fast die gesamte Funktionalität wird durch zur Laufzeit konfigurierbare Plugin-Module implementiert. So können z.B. Annotationen auf den Daten, Analysemodule oder auch die Filterung von Daten als Plugins implementiert werden. Damit ist der Arivis Browser extrem flexibel einsetzbar.

Der Arivis Browser wurde ursprünglich für die Arbeit mit neurobiologischem Datenmaterial entwickelt. Aufgrund seiner Flexibilität und Erweiterungsfähigkeit ist er leicht auch in anderen Bereichen anwendbar. Beispiele dafür sind Anwendungen in der Geografie (große Karten), in der Werkstoffprüfung und Oberflächenbearbeitung oder der Medizintechnik.

Christian Götze

Bildnachweis

Titelbild: Wilhelm Friedrich Freiherr von Gleichen: Auserlesene mikroskopische Entdeckungen bey den Pflanzen, Blumen und Blüthen, Insekten und andern Merkwürdigkeiten: nebst einer Abhandlung vom Sonnenmikroskop, Nürnberg 1781, Tab.1.
Innentitel: Philipp Galle nach Marten van Heemskerck: Collage nach „Natura", 1572. In: Ger Luijten, Roosendaal (Hg.): The New Hollstein Dutch & Flemish Etchings, Engravings and Woodcuts 1450–1700, 1994, S. 183.
Editorial: Abb. 1: Gerhard Kemne, Gelia Eisert: Lebende Bilder. Eine Technikgeschichte des Films, Berlin 2000 (Deutsches Technikmuseum), S. 19.
Jochen Hennig: Vom Experiment zur Utopie: Bilder in der Nanotechnologie: Abb. 1: Don M. Eigler, Erhard K. Schweizer: Positioning single atoms with a scanning tunneling microscope. Nature, Vol. 344, S. 525; mit freundlicher Genehmigung von Nature. **Abb. 2:** Privatbesitz Erhard Schweizer, mit freundlicher Genehmigung von Paul Weiss. **Abb. 3:** Privatbesitz Erhard Schweizer. **Abb. 4-5:** Siehe Abb. 1. **Abb. 6:** R.C. Williams, W.G. Wyckoff: Electron Shadow-Micrography of Virus Particles. Proceedings of the Society for Experimental Biology and Medicine, Vol. 58, No. 3, S. 267; mit freundlicher Genehmigung der SEBM. **Abb. 7:** Don M. Eigler, Paul Weiss, Erhard Schweizer, N. Lang: Imaging Xe with a low-temperature scanning tunneling microscope. Physical Review Letters, Vol. 66, No. 9, S. 1190. Copyright (1991) by the American Physical Society. **Tafel 1:** http://www.almaden.ibm.com/almaden/media/image_mirage.html (Stand 09/2004); Courtesy of IBM Corporation, Almaden Research Center.
Franziska Brons: Das Versprechen der Retina. Zur Mikrofotografie Robert Kochs: Abb. 1: Wolfgang Gloede: Vom Lesestein zum Elektronenmikroskop, Berlin 1986, S. 128, Bildnachweis: Ernst Leitz Wetzlar GmbH, Wetzlar. **Abb. 2:** Robert Koch: Gesammelte Werke, hrsg. Von J. Schwalbe, 2 Bde., Leipzig 1912, Bd. 1, Tafel VIII, Nr. 13. **Abb. 3:** Robert Koch: Gesammelte Werke, hrsg. Von J. Schwalbe, 2 Bde., Leipzig 1912, Bd. 1, Tafel XI, Nr. 31. **Abb. 4:** Richard L. Kremer: The Eye as Inscription Device in the 1870s. Optograms, Cameras and the Photochemistry of Vision. In: Brigitte Hoppe (Hg.): Biology Integrating Scientific Fundamentals. Contributions to the History of Interrelations between Biology, Chemistry, and Physics from the 18th to the 20th Centuries, München 1997, S. 361.
Susanne Deicher: Mikroskopische Bilder der Nervensysteme in Sigmund Freuds Publikationen der 70er und 80er Jahre: Abb. 1: Sigmund Freud: Über Spinalganglien und Rückenmark des Petromyzon. Sitzungsberichte der kaiserlichen Akademie der Wissenschaften, Mathematisch-Naturwissenschaftliche Classe 78 (1878), III. Abth., 81-67. **Abb. 2:** Sigmund Freud: Über den Bau der Nervenfasern und Nervenzellen beim Flusskrebs. Sitzungsberichte der kaiserlichen Akademie der Wissenschaften, Mathematisch-Naturwissenschaftliche Classe 85 (1882), III. Abth., 9-46. **Abb. 3:** Theodor Meynert: Psychiatrie. Klinik der Erkrankungen des Vorderhirns begründet auf dessen Bau und Ernährung, Wien 1884, Fig. 25.
Christian Sichau: Wissenschaftliche Instrumente und das Bild der Wissenschaft: Abb. 1 / Tafel 2–3: Photo Deutsches Museum München, Tafel 2: Inv.Nr. 70.440
Faksimile: Poseidons Garten in Kanadabalsam: Abb. 1-7: Alle Objekte im Bestand des Instituts für Biologie/ Zoologische Lehrsammlung der Humboldt-Universität zu Berlin. Digitalreproduktionen: Hendrik Müller, Carsten Kamenz, Thilo Habel, Helmholtz-Zentrum für Kulturtechnik. **Abb. 1:** Foto (Großdia): Sylvia Scholz, Humboldt-Universität zu Berlin.
Bildbesprechung: Abb. 1: Philosophical Transactions, XII, 1678, Nr. 142. **Abb. 2:** Nouvelles de la République, 1699, S. 522. **Abb. 3:** Antoni van Leeuwenhoek: Sevende Vervolg der Brieven, Delft 1702.
Erna Fiorentini: Subjective Objective. The Camera Lucida and Protomodern Observers: Fig. 1: Whipple Museum of the History of Science, Cambridge University. **Fig. 2:** A: Dionysus Lardner: The Museum of Science & Art, Bd. III, London 1855. B: John H. Hammond, Jill Austin: The Camera Lucida in Art and Science, Bristol 1987, Abb. 80b. **Fig. 3:** William Hyde Wollaston: Description of the camera lucida. In: Philosophical magazine, 27,1807, S. 343-347, plate 8. **Fig. 4:** Magazine of Science, 25 January 1840, S. 338. **Fig. 5:** Museo di Fisica dell'Università di Napoli, N. 405, www.na.infn/museum/eng/tematico/framott.htm (Stand 09/2004). **Fig. 6:** http://www.cameralucida.org.uk/portrait.html (Stand 06/2004). **Fig. 7:** William Ford Stanley: Descriptive treatise on mathematical drawing instruments, London 1866, S. 117. **Plate 4:** Soprintendenza ai beni Artistici e Storici di Napoli/ Luciano Pedicini, Napoli.
Peter Bexte: Augen wie Blindenhunde. Diderot im Salon: Abb. 1: Diderot, d'Alembert (Hg.): Encyclopédie ou Dictionnaire raisonnée des sciences, des arts et des metiers, 1751-1780, Bd. XXVI (= Receuil de planches sur les sciences et les arts, Bd. V). **Tafel 5:** Laurent Manoeuvre, Eric Rieth (Hg.): Joseph Vernet (1714-1789). Les Ports de France, Arcueil 1994, S. 129-130, Aufbewahrungsort des Gemäldes: Musée de la Marine, Paris.
Philip Steadman: Vermeer and the Problem of Painting Inside the Camera Obscura: Fig. 1-7: Philip Steadman. **Plate 6:** Walter Liedtke, Michiel C. Plomp, Axel Rüger: Vermeer and the Delft School, New York 2001, S. 160, Fig. 168. **Plate 7:** Philip Steadman. **Plate 8:** Walter Liedtke, Michiel C. Plomp, Axel Rüger: Vermeer and the Delft School, New York 2001, S. 159, Fig. 167.
Interview: Brains on Fire: Abb. 1-2: © The Nobel Foundation 1906. **Abb. 3:** Bryan Kolb, Ian Q. Wishaw: Neuropsychologie, Heidelberg/Berlin 1993, S. 69. **Tafel 9:** Reprinted with permission from Science 249:1041-4. Copyright 1990, AAAS. **Tafel 10:** Reprinted from NEURON, Vol. 41, Hauk et al: Somatotopic Representation Of Action Words In Human Motor And Premotor Cortex. S. 301-307, Copyright (2004), with permission from Elsevier. **Tafel 11:** Dhond et al., Journal of Neuroscience 21(10): 3564-71. Copyright 2001 by the Society for Neuroscience. **Tafel 12:** Spektrum der Wissenschaft Verlagsgesellschaft, Gehirn & Geist, Dossier 1/2003.
Wiedergelesen: Abb. 1: Foto: Kunstbibliothek, Staatliche Museen zu Berlin, Sammlung Marzona. **Abb. 2:** Marshall McLuhan und Quentin Fiore: The Medium is the Massage. An Inventory of Effects, Corte Madera 2001, S. 76-77.
Rezensionen: S. 103: Abb. 1: Ulrich Raulff: Wilde Energien. Vier Versuche zu Aby Warburg, Göttingen 2003, S. 31.
Projektvorstellung: Abb. 1/Tafel 13: Mit freundlicher Genehmigung von Multiple Image Tools GmbH.
Bildtableau 1: 1: Hermann Kircher: Der Medienwandel in der Fachmedizin am Beispiel der Augenheilkunde, Herne 1983, S. 37. **2:** Karl Clausberg: Neuronale Kunstgeschichte. Selbstdarstellung als Gestaltungsprinzip, Wien/New York 1999, S. 86, Abb. 4.2a. **3:** Bodo

von Drewitz, Werner Nekes (Hg.): Ich sehe was, was du nicht siehst! Sehmaschinen und Bilderwelten. Die Sammlung Werner Nekes, Göttingen 2002, S. 191. **4:** Jonathan Crary: Techniken des Betrachters. Sehen und Moderne im 19. Jahrhundert, Dresden/Basel 1996, S. 59. **5:** Werner Spies: Max Ernst. Collagen. Inventar und Widerspruch, Köln 1988, Abb. 478, © VG Bild-Kunst, Bonn 2004. **6:** David Lindberg: Auge und Licht im Mittelalter, Frankfurt/Main 1987, S. 132. **7:** Frank Rossi: Eine Geschichte der Sehhilfen. Die Brille, Leipzig 1989, S. 45, Abb. 27. **8:** Leonardo. Künstler Forscher Magier, München 2002, S. 233, Abb. 233/5. **9:** Carl Stellwag von Carion: Lehrbuch der Augenheilkunde, zweite umgearbeitete Auflage, Wien 1864, S. 176, Fig. 28. **10:** Charles Adam, Paul Tanney (Hg.): Oeuvres de Descartes. Discours de la méthode & essais (Bd. 6), Paris 1973, S. 116, Fig. 36. **11:** Hundert Jahre Augenspiegel. Fünf Vorträge gehalten von Augenärzten der Deutschen Demokratischen Republik gelegentlich einer Gedenkfeier und Festsitzung zu Berlin am 10. Dezember 1950, mit 61 Abbildungen, Leipzig 1951, S. 32, Abb. 28. **12:** Josef Pilz: Compendium der operativen Augenheilkunde. Nach seinem Lehrbuch der Augenheilkunde, Prag 1860, Titelblatt. **13:** wie 7, S. 160, Abb. 128. **14:** wie 13, S. 24, Abb.12. **15:** Moritz von Rohr: Das Auge und die Brille, 2. Aufl., Leipzig 1918, S. 71, Abb. 44. **16:** http://www.mengbo.com/frames/all.htm (Stand: 09/2004). **17:** wie 11, S. 19, Abb. 2. **18:** wie 3, S. 193. **19:** Werke und Aufsätze von El Lissitzky (1890-1941), zusammengestellt und eingeleitet von Jan Tschichold, Berlin 1988, S. 16, © VG Bild-Kunst, Bonn 2004. **20:** wie11, S. 33 Abb. 31. **21:** Peter Pachnicke, Klaus Honnef (Hg.): John Heartfield. Ausstellung, Akademie der Künste zu Berlin, Köln 1991, Abb. 90b, © The Heartfield Community of Heirs/ VG Bild-Kunst, Bonn 2004. **22:** wie 12, Taf. 2. **23:** wie 11, S. 35, Abb. 33. **24:** http://mars.jpl.nasa.gov/MPF/mpf/sci_desc.html#IMP, (Stand: 09/2004), courtesy NASA/JPL-Caltech.

Bildtableau 2: 1: Spektrum der Wissenschaft Spezial, 02/ 2001, Titelblatt. **2:** Martin Frobenius Ledermüller: Mikroskopische Gemüths- und Augen-Ergötzung: bestehend in ein hundert nach der Natur gezeichneten und mit Farben erleuchteten Kupfertafeln, sammt deren Erklärung, Nürnberg 1763, Tab. XL. **3:** Jonathan Crary: Techniken des Betrachters. Sehen und Moderne im 19. Jahrhundert, Dresden/Basel 1996, S. 69. **4:** Klaus Schillinger (Hg.): Solare Brenngeräte. Katalog, Staatlicher Physikalischer Salon Dresden, Zwinger, Dresden 1992, S. 24, Kat.-Nr. 9. **5:** Lisa Jardine: Ingenious pursuits: building the scientific revolution, London 1999. **6:** Peter Friese (Hg.): Minimal Maximal. Die Minimal Art und ihr Einfluß auf die Kunst der 90er Jahre, Heidelberg 1998, S. 53. **7:** Harry Robin: Die wissenschaftliche Illustration. Von der Höhlenmalerei zur Computergraphik, Basel/Berlin/Boston 1992, S. 87. **8:** wie 7, S. 22. **9:** Helmut Hilz, Georg Schwedt: „Zur Belustigung und Belehrung" Experimentierbücher aus zwei Jahrhunderten, Deutsches Museum München, Berlin u.a. 2002, S. 103. **10:** Carl Stellwag von Carion: Lehrbuch der Augenheilkunde, 2. Auflage, Wien 1864, Farbtafel. **11:** wie 9, S. 79. **12:** Lynn Gamwell: Exploring the Invisible. Art, Science and the Spiritual, 2003, S. 51, Abb. 40. **13:** Süddeutsche Zeitung Nr. 115, 3./4. 07. 2004. **14:** Gerhard Kemner, Gelia Eisert: Lebende Bilder. Eine Technikgeschichte des Films. Deutsches Technikmuseum Berlin, Berlin 2000, Abb. 5/1, S. 66. **15:** K. G. Pontus Hultén: The machine – as seen at the end of the mechanical age, The Museum of Modern Art, New York 1968, S. 110, © VG Bild-Kunst, Bonn 2004. **16:** wie 3, S. 138. **17:** Mikroskopie und Zellbiologie in drei Jahrhunderten, Katalog der Exhibition for the Second International Congress on Cell Biology, Berlin 1980, S. 75. **18:** Wolfgang Gloede: Vom Lesestein zum Elektronenmikroskop, Berlin 1986, S. 187. **19:** wie 15, S. 113, © VG Bild-Kunst, Bonn 2004. **20:** Peter Pachnicke, Klaus Honnef (Hg.): John Heartfield. Ausstellungskatalog, Akademie der Künste zu Berlin, Köln 1991, S. 49. **21:** IBM Research Magazine, Winter 1986, Titelblatt. **22:** Bodo von Drewitz, Werner Nekes (Hg.): Ich sehe was, was du nicht siehst! Sehmaschinen und Bilderwelten. Die Sammlung Werner Nekes, Göttingen 2002, S. 325. **23:** wie 12, S. 50, Abb. 39. **24:** http://www.life-science-live.de (Stand: 09/2004).

Die AutorInnen

Dr. Peter Bexte, Fachbereich Europäische Medienwissenschaft, Universität Potsdam
Franziska Brons M. A., Kunstgeschichtliches Seminar, Humboldt-Universität zu Berlin
Prof. Dr. Susanne Deicher, Fachbereich Design/Innenarchitektur, Hochschule Wismar
PD Dr. Bernhard J. Dotzler, Zentrum für Literaturforschung, Berlin
Dr. Robert Felfe, SFB Kulturen des Performativen, Freie Universität Berlin
Dipl. Psych. Thomas Fink, Forschungsgruppe Historische Lichtgefüge, Berlin
Dr. Dr. Erna Fiorentini, Kunsthistorisches Institut, Freie Universität Berlin und Max-Planck-Institut für Wissenschaftsgeschichte, Berlin
Dipl. Math. Christian Götze, Multiple Image Tools GmbH, Rostock
Thilo Habel M. A., Die Wissenschaftliche Sammlung, Hermann von Helmholz-Zentrum für Kulturtechnik, Humboldt-Universität zu Berlin
Dipl. Phys. Jochen Hennig, Das Technische Bild, Hermann von Helmholz-Zentrum für Kulturtechnik, Humboldt-Universität zu Berlin
Dr. Karin Leonhard, Projekt Bild und Text, Institut für Germanistik, Universität Leipzig
Prof. Dr. Randolf Menzel, Fachbereich Biologie, Chemie, Pharmazie, Institut für Biologie, Neurobiologie, Freie Universität Berlin
Prof. Dr. David Poeppel, Department of Biology and Department of Linguistics, University of Maryland at College Park
Dr. Christian Sichau, Deutsches Museum, München
Prof. Dr. Philip Steadman, The Bartlett School of Graduate Studies, University College London
Dr. Bettina Uppenkamp, Kunstgeschichtliches Seminar, Humboldt-Universität zu Berlin
Philipp Weiss M.A., Forschungsgruppe Historische Lichtgefüge, Berlin

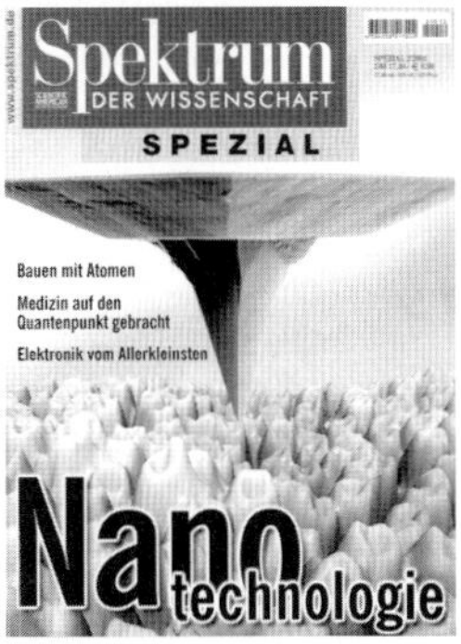

1

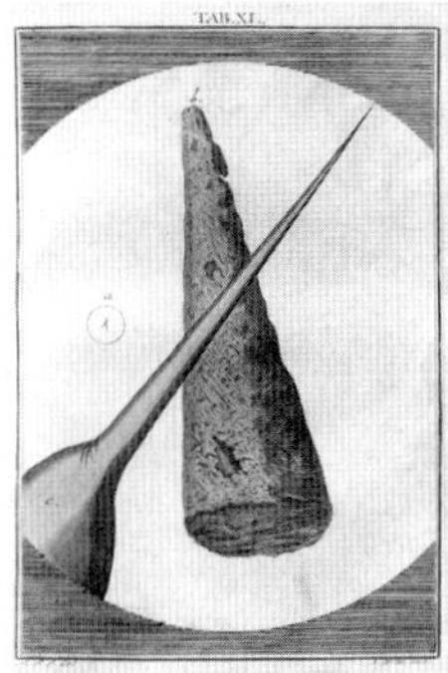

2

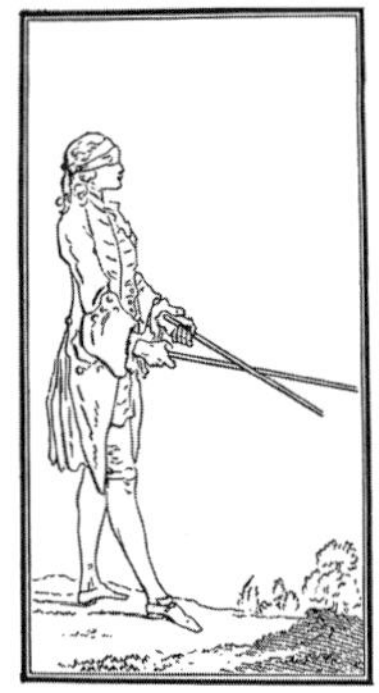

3

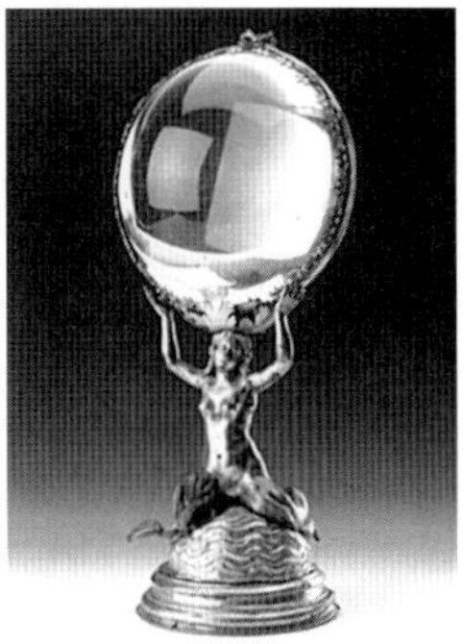

4

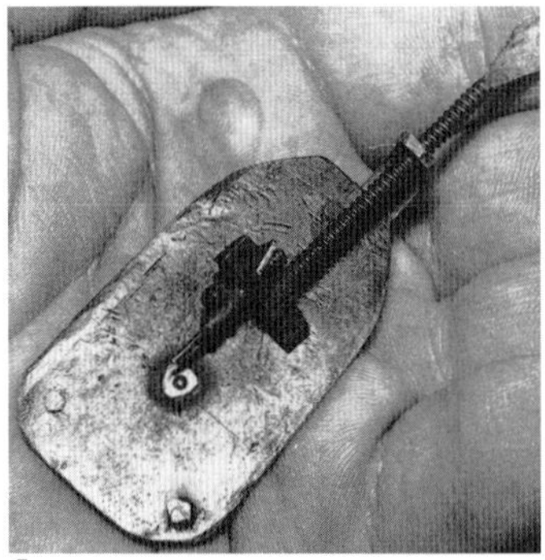

5

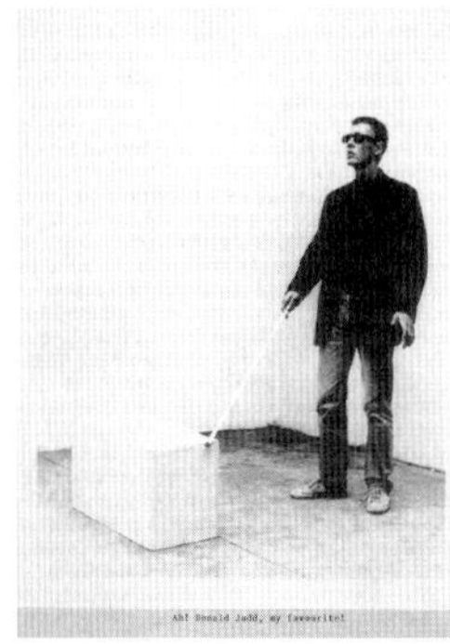

6

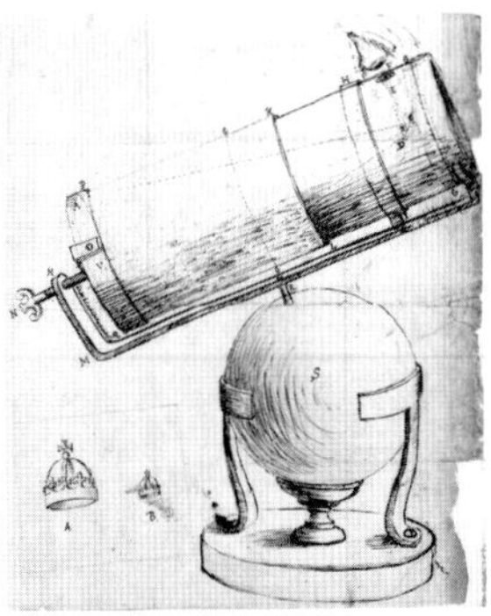

7

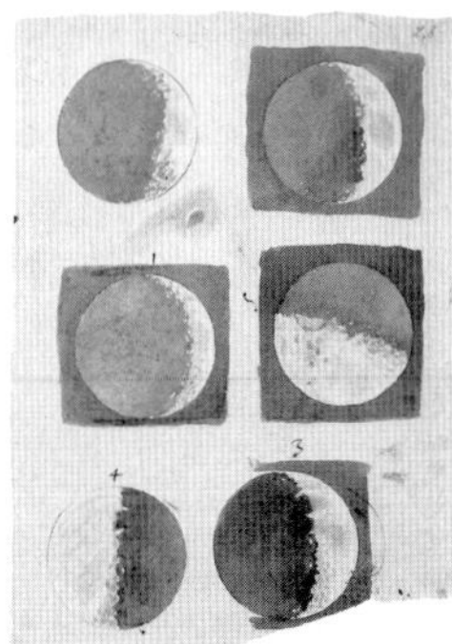

8

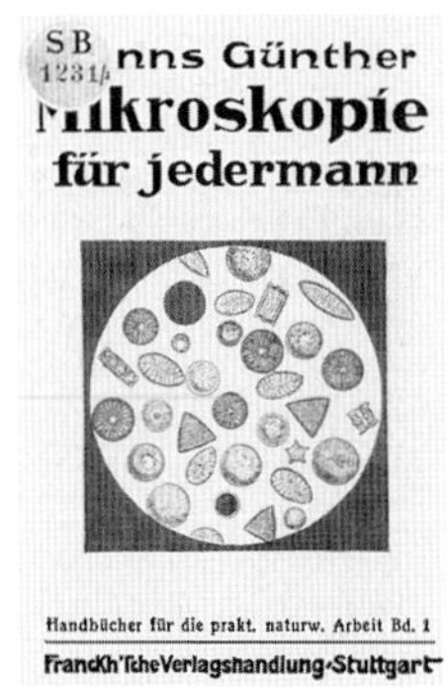

9

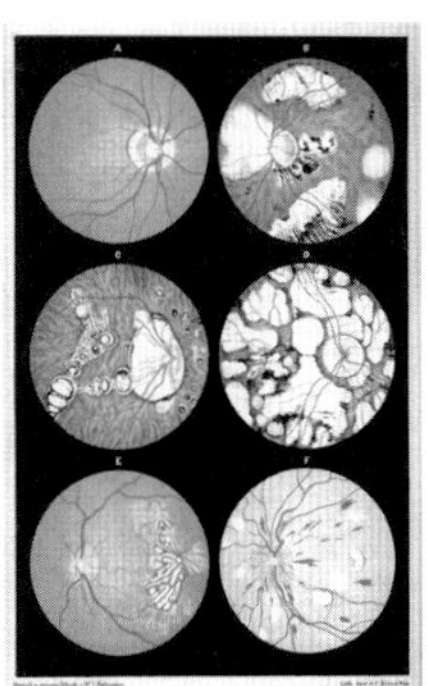

10

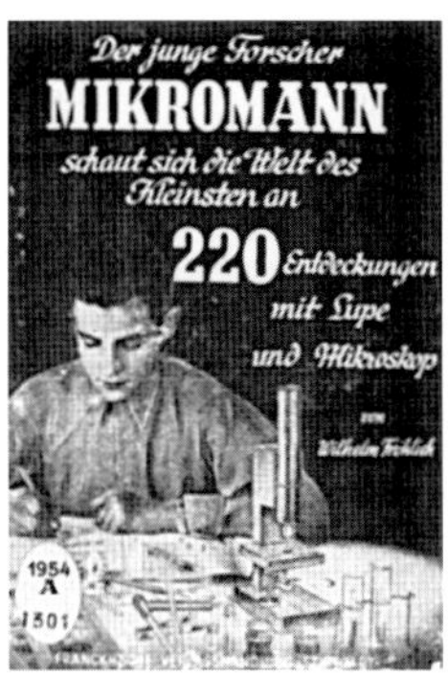

11

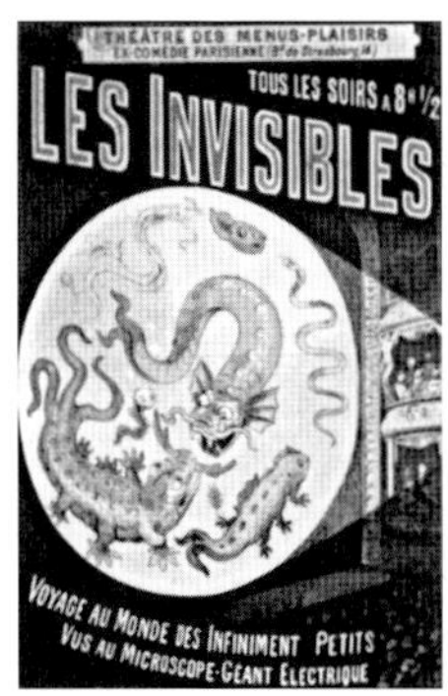

12

1: Spektrum der Wissenschaft Spezial (Titelblatt), 2001. **2:** Martin Frobenius Ledermüller: Die Spitze einer Nähnadel und der Stachel einer Biene, 1763. **3:** René Descartes: Sehen als Tasten, 1724. **4:** Beleuchtungslinse, um 1580. **5:** Anton von Leeuwenhoeks Mikroskop, um 1670. **6:** John Isaacs: „Ah! Donald Judd, my favourite!", 1991. **7:** Isaac Newton: Skizze eines Spiegelteleskops, 1672. **8:** Galileo Galilei: Sechs Mondphasen, 1616. **9:** Hanns Günther: „Mikroskopie für Jedermann" (Titelblatt), 1923. **10:** Carl Stellwag von Carion: pathologische Netzhäute, 1864. **11:** Wilhelm Fröhlich: „Der Junge Forscher Mikromann" (Titelblatt), 1954. **12:** „The Invisible Ones" (Plakat), 1883. **13:** Infanterist der Bundeswehr mit Nachtsichtgerät, 2004. **14:** Fotografische Flinte nach Etienne-Jules Marey, 1882. **15:** Raoul Haus-

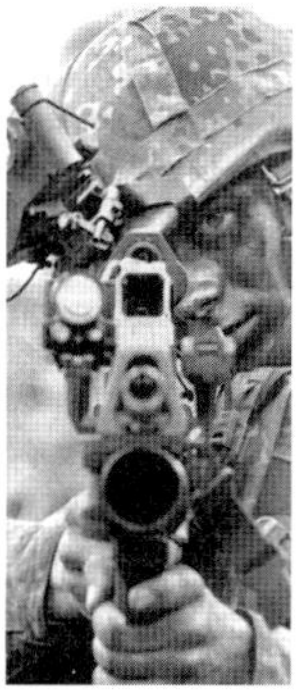

13

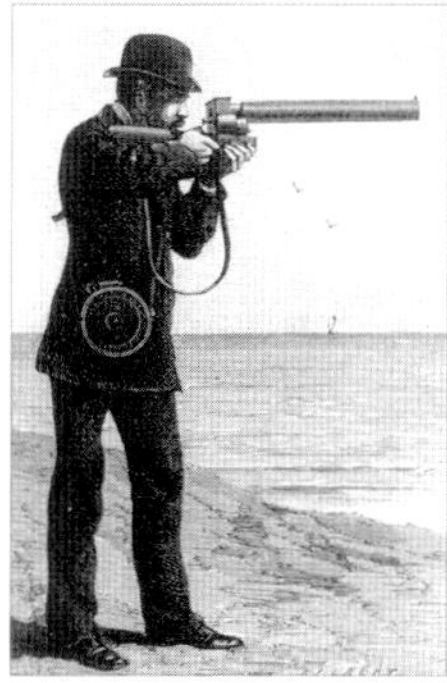

14

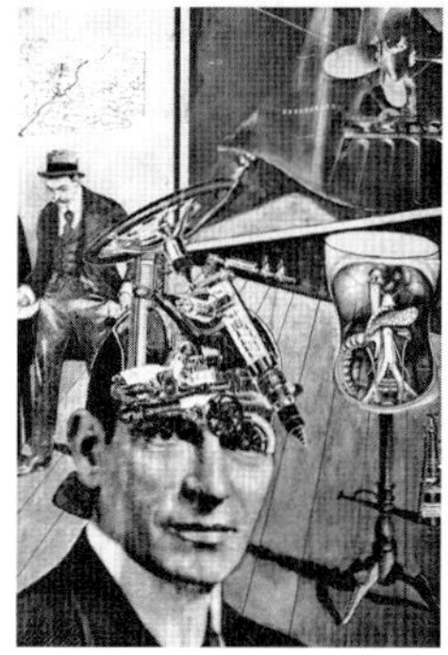

15

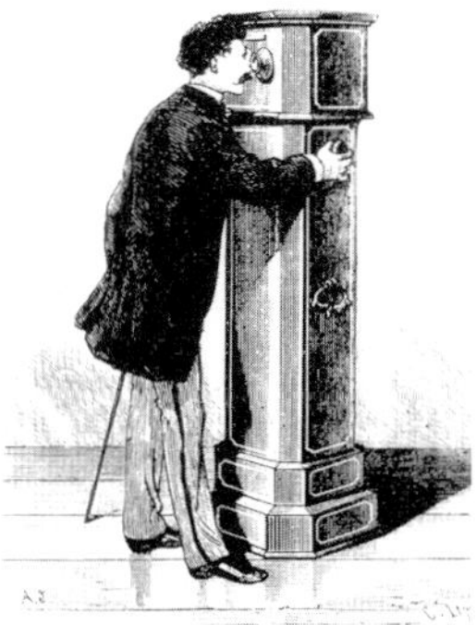

16

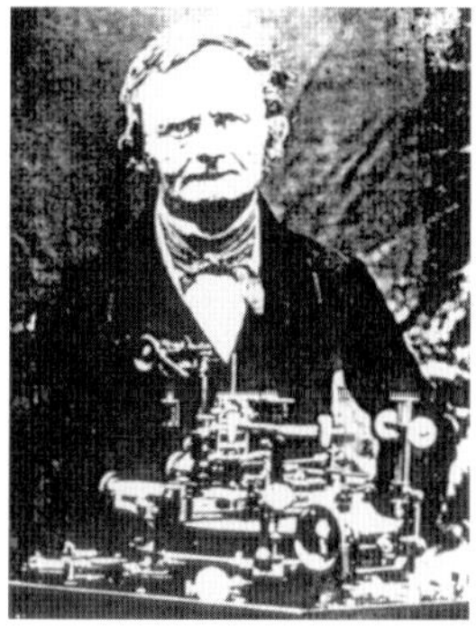

17

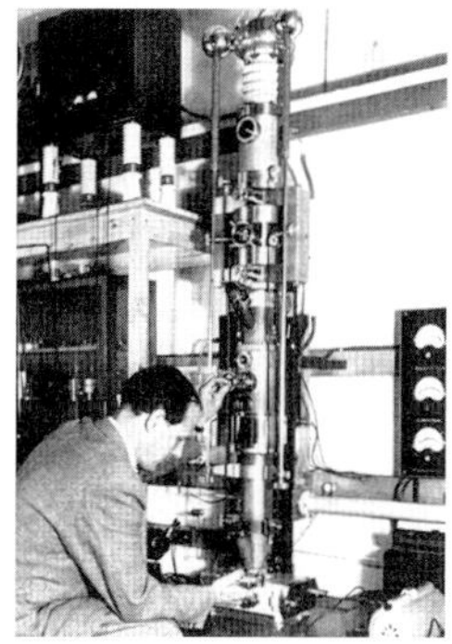

18

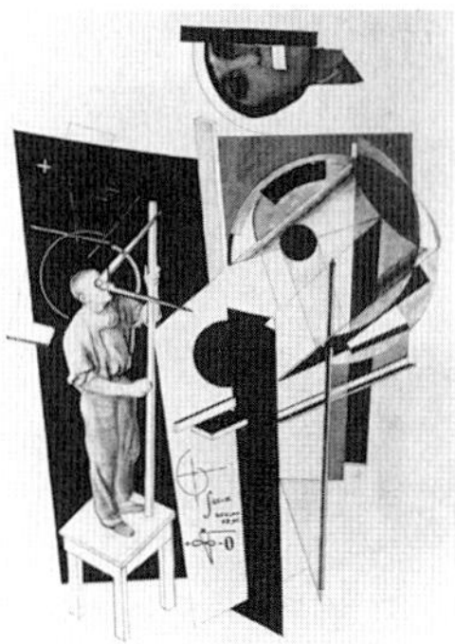

19

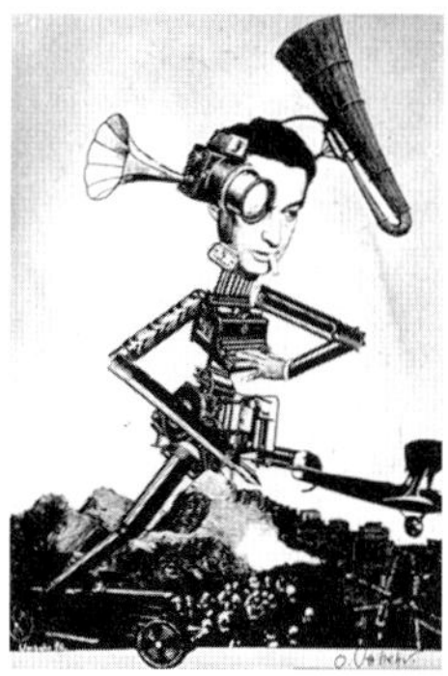

20

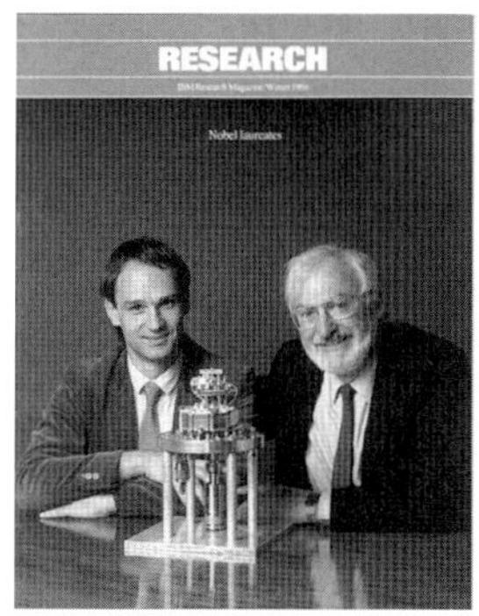

21

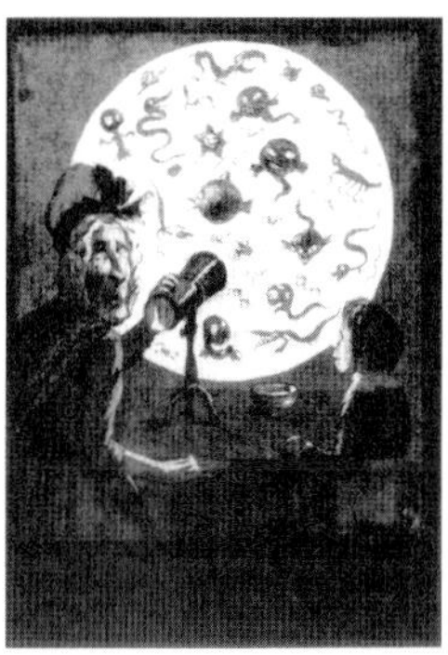

22

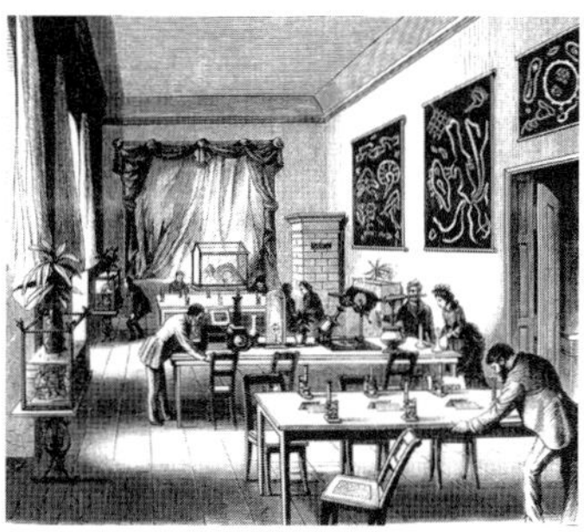

23

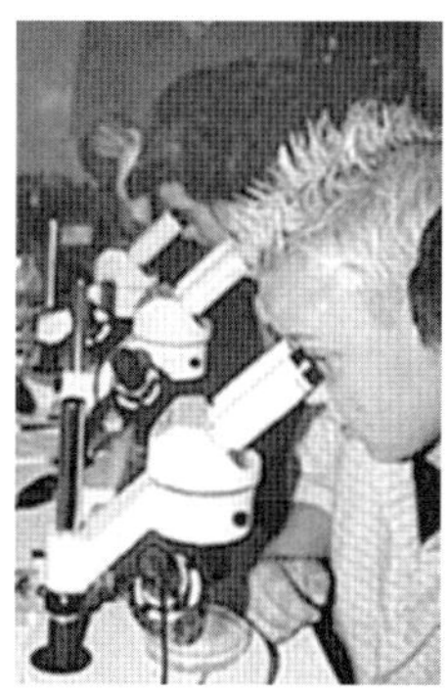

24

mann: Tatlin at Home, 1920. **16:** Säulenstereoskop, um 1870. **17:** Friedrich Adolph Norbert mit seiner „Kreis-Theilmaschine", 1867. **18:** Manfred von Ardenne am Universal-Elektronenmikroskop, 1940. **19:** El Lissitzky: Tatlin Working on the Monument for the Third International, 1922. **20:** UMBO (Otto Umbehr): Bildnis Egon Erwin Kisch, 1926. **21:** IBM Research Magazine (Titelblatt), 1986. **22:** William Spooner: The Microscope (Spooners Transformation No. 2), 1830. **23:** „Das mikrosopische Aquarium in Berlin", 1877. **24:** Schüler beim Mikroskopieren, 2001.

Bildwelten des Wissens
Kunsthistorisches Jahrbuch für Bildkritik. Band 2, 2

Instrumente des Sehens

Herausgeber
Prof. Dr. Horst Bredekamp, Prof. Dr. Gabriele Werner

Herausgeberin dieses Bandes
Angela Fischel M.A.

Redaktion
Angela Fischel M.A., Margarete Pratschke M.A., Birgit Schneider M.A.

Redaktionsassistenz
Peggy Kuwan

Mitarbeiter
Jana August, Rainer Hörmann (Lektorat), Philipp Muras, Violeta Sánchez

Layout
Birgit Schneider
Satz: Peggy Kuwan & aromaBerlin

Adresse der Redaktion
Humboldt Universität zu Berlin
Hermann von Helmholtz-Zentrum für Kulturtechnik
Das Technische Bild
Unter den Linden 6
D – 10099 Berlin
dtb@culture.hu-berlin.de
Fon: ++49 (0) 30 20 93 27 31
Fax: ++49 (0) 30 20 93 19 61

ISSN 1611-2512
ISBN 3-05-004063-7

Das Jahrbuch „Bildwelten des Wissens“ erscheint jährlich in 2 Teilbänden.

Druck: on the fly, berlin
Buchbinderei: Lüderitz & Bauer, Berlin

Printed in Federal Republic of Germany